lex:tra

Grundwortschatz

Französisch

nach Themen

Übungsbuch

Cécile Hoene
Erwin Tschirner

Cornelsen

Grundwortschatz
Französisch nach Themen – Übungsbuch
von Cécile Hoene und Erwin Tschirner

Redaktion: Denise Schmidt
Umschlaggestaltung: Cornelsen Verlag Design
Umschlagfoto: JUNOPHOTO
Layout und technische Umsetzung: Buch und Gestaltung, Britta Dieterle
Illustrationen: Laurent Lalo

Weitere Titel in dieser Reihe
ISBN 978-3-589-01565-8 Grund- und Aufbauwortschatz Französisch nach Themen
ISBN 978-3-589-22448-7 Lerngrammatik Französisch

www.lextra.de
www.cornelsen.de

1. Auflage, 1. Druck 2008

Alle Drucke dieser Auflage sind inhaltlich unverändert und können im Unterricht nebeneinander verwendet werden.

Druck: CS-Druck CornelsenStürtz, Berlin

ISBN 978-3-589-01566-5

Inhalt gedruckt auf säurefreiem Papier aus nachhaltiger Forstwirtschaft.

Vorwort

Das **Übungsbuch Grundwortschatz Französisch nach Themen** hilft Ihnen beim Lernen des französischen Grundwortschatzes. Es präsentiert und übt die häufigsten 2000 Wörter des Französischen, die im Lernwörterbuch **Grund- und Aufbauwortschatz Französisch nach Themen** enthalten sind. Die Lextra Grund- und Aufbauwortschätze nach Themen sind eine neue Generation von Lernwörterbüchern, die das lexikalische Minimum, das notwendig ist für erfolgreiches produktives wie rezeptives Sprachhandeln, aufgrund neuester empirischer Studien erfassen.

Das Lextra Übungsbuch Französisch fasst den Grundwortschatz des Französischen in 68 übersichtlichen, nach Kategorien geordneten Kapiteln zusammen. Jedes Kapitel präsentiert und übt ca. 25 neue Wörter. Auf der linken Seite eines Kapitels werden die neuen Wörter vorgestellt und auf der rechten Seite Übungen dazu angeboten. Neue Wörter werden visuell und in Satzzusammenhängen in drei bis vier inhaltlich zusammengehörigen Abschnitten präsentiert. Viele Zeichnungen klären die Bedeutungen der neuen Wörter. Wörter, die nicht visualisiert werden können, werden in einfachen Sätzen (Dialoge, kurze Erzählungen, Definitionen und Erklärungen) eingeführt. Die Sätze enthalten nur die Wörter des Grundwortschatzes und es werden einfache Satzstrukturen verwendet.

Jedes Kapitel enthält ca. vier bis fünf Übungen, von leichten Zuordnungs- und Kategorisierungsaufgaben über anspruchsvollere Lückentexte bis zu produktiven Schreib- und Sprechaufgaben. Alle Aufgaben werden über eine inhaltlich orientierte Kurzüberschrift kontextualisiert, um bedeutungsorientiertes, inhaltliches Lernen zu garantieren.

Die Aufgaben haben das Ziel, die Bedeutung von Wörtern sowohl selbstständig als auch in Satzzusammenhängen einzuprägen. Die jeweils letzte Aufgabe eines Kapitels bettet die neuen Wörter in Ihre Lebenswelt ein und bittet Sie, auf persönliche Fragen mit diesen Wörtern zu antworten, um sie relevanter und einprägsamer für Sie zu machen. Die Antworten sollten abwechselnd schriftlich und mündlich formuliert werden. Das mündliche Formulieren hilft als Vorbereitung für echte kommunikative Situationen, indem Sprechroutinen automatisiert werden. Das schriftliche Formulieren fördert die Genauigkeit und eine größere Ausdrucksfähigkeit. Wenn Sie Kapitel nach einer bestimmten Zeit wiederholen, sollten Sie die jeweils andere Variante der Formulierung nutzen.

Die besten Lernresultate erzielen Sie auf folgende Weise:

- Lesen Sie den Grundwortschatz des Kapitels in dem entsprechenden Kapitel des **Grund- und Aufbauwortschatzes Französisch nach Themen** und überprüfen Sie ein erstes Lernen daran, dass Sie die Übersetzung und den Beispielsatz dort abdecken und versuchen, sich an die Bedeutung des Wortes zu erinnern.
- Arbeiten Sie sich dann durch den Präsentationsteil des Übungsbuches und versuchen Sie, alle Sätze zu verstehen. Schlagen Sie unbekannte Wörter im Grund- und Aufbauwortschatz nach.
- Machen Sie dann die Übungen im Aufgabenteil. Schlagen Sie auch hier Wörter, an die Sie sich nicht erinnern können, nach.
- Wiederholen Sie Ihre Vokabeln in regelmäßigen Abständen. Wenn Sie zum Beispiel zehn Kapitel durchgearbeitet haben, lesen Sie noch einmal die Präsentationsseiten dieser zehn Kapitel, markieren Sie alle Wörter, an die Sie sich nicht mehr erinnern und schreiben Sie diese Wörter mit Übersetzungen und Beispielsätzen in ein Vokabelheft. Beantworten Sie die Fragen der letzten Aufgabe auf der rechten Seite des Kapitels.
- Beschäftigen Sie sich zusätzlich mit Ihrer Fremdsprache, indem Sie leichte Texte lesen, leichte Hörtexte hören und Gelegenheiten wahrnehmen, mit Muttersprachlern Ihrer Zielsprache auf einfache Weise zu kommunizieren.

Wir bedanken uns recht herzlich bei Helga Holtkamp und Gunther Weimann vom Cornelsen-Verlag, die dieses Projekt geleitet und tatkräftig unterstützt haben, bei Denise Schmidt, unserer hervorragend organisierten und gewissenhaften Redakteurin und Projektmanagerin, sowie bei den vielen Mitarbeitern des Cornelsen-Verlags, die aus diesem Projekt ein so schönes Buch gemacht haben.

Wir wünschen Ihnen Spaß beim Lernen und hoffen, dass Ihnen das Lextra Übungsbuch Französisch hilft, Ihre Sprachlernziele zu erreichen.

Cécile Hoene und Erwin Tschirner,
Nantes und Leipzig im Sommer 2008

Inhalt

Identität

- Connaissez-vous la *dame* qui habite à côté de chez moi? C'est une *dame âgée*, elle doit avoir 80 ans, je connais son *nom*. Elle *s'appelle Madame* Simon. Elle est *mariée*. Son mari, *Monsieur* Simon, promène son chien tous les matins. *Monsieur* et *Madame* Simon *demeurent* une partie de l'année dans leur maison au bord de la mer.

Staatsangehörigkeit

européen

américain

indien

allemand

français

chinois

Fragen über eine Person

- «Comment vous *appelez*-vous?» – «Je m'*appelle* Paul Bellanger.»
- «Quel *âge* a Isabelle?» – «Isabelle a 25 ans aujourd'hui, elle est *née* le 20 novembre.»
- «Où *habites*-tu?» – «À Paris?»
- «Quel est votre *métier*?» – «Je suis médecin.»
- «D'où vient-il?» – «Il vient de *Belgique*.»

Die Religion in Frankreich

- La *religion chrétienne* est la première *religion* en France. 60 % des *Français* se disent *catholiques*. Mais peu sont vraiment pratiquants et vont à *l'église* régulièrement.
- De plus en plus de *Français* sont sans *religion* et ne croient pas en l'existence d'un *dieu*.

A Über Silke Schmidt. Ergänzen Sie die Lücken.

demeure ▪ mariée ▪ née ▪ m'appelle ▪ métier ▪ habite ▪ allemande

Bonjour, je ____________ Silke Schmidt. Je suis ____________.

Je suis ____________ le 21 janvier 1979 à Trèves. J' ____________ maintenant à Nancy.

Je ____________ au 3 rue de la Gare. Je suis ____________. Mon mari s'appelle Jacques.

Nous avons deux enfants. Mon ____________, c'est professeur d'allemand.

B Persönliche Angaben. Ordnen Sie zu.

une dame ▪ Madame et Monsieur Castel ▪ âgé ▪ le nom

1 ____________ 2 ____________ 3 ____________ 4 ____________

C Verkehrte Welt. Korrigieren Sie die Sätze.

1 L'Union américaine comprend 27 États. Elle est née en 1992.
2 «Vous êtes de Berlin?» – «Oui, je suis indien.»
3 Le père de Fabrice vient de Chine. Il est donc américain.
4 La Corse est une île chinoise dans la Méditerranée.

D Religion. Füllen Sie das Kreuzworträtsel aus.

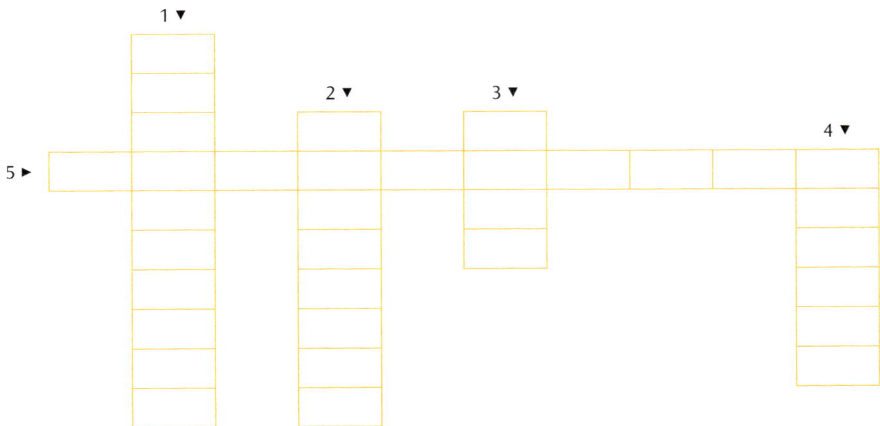

1 Le pape de Rome est le chef de l'Église … .
2 Si on ne croit pas en un dieu, on est sans … .
3 Les religions monothéistes n'ont qu'un … .
4 C'est un lieu de prières pour les catholiques.
5 La religion … est la religion du Christ.

E Und bei Ihnen? Beantworten Sie die Fragen.

1 Présentez-vous et décrivez votre situation.
2 Quel rapport avez-vous à la religion?

Familie

- Voici la *famille* de Julien.
- On peut voir ses *grands-parents*, ses *parents* (son *père* et sa *mère*), sa *tante*, son *oncle* et leurs *enfants*.
- Julien a une *sœur* mais il n'a pas de *frère*.

Begriffe

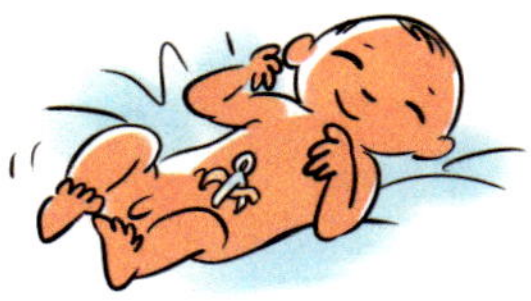

la *naissance*

la *famille*

les *générations*

la *jeunesse*

Rund um die Familie

- Les *grands-parents* sont les *papys* et *mamies* de nos *enfants*.
- Les *enfants* appellent leur *père* et *mère* «*papa*» et «*maman*».
- Quand on est *grand-parent*, on a des *petits-enfants*, c'est-à-dire des *petits-fils* et des *petites-filles*.

Meine Schwester

Ma *sœur* et son mari *ont adopté* un *enfant* de huit mois qui vient de Haïti. Ce sera leur troisième *enfant*, mais leur premier *fils*. Ils ont déjà deux *filles*: Hélène et Julie. Ma *sœur* ne travaille pas, elle *s'occupe* de ses *enfants*. C'est une *maman* très attentive à *l'éducation* de ses *enfants*. Son mari travaille dans l'entreprise *familiale*. Il rentre souvent tard, mais parfois à l'heure pour *coucher* les *enfants*.

A Familienangehörige. Verbinden Sie die Wörter.

1 fille
2 papa
3 papy
4 sœur
5 grands-parents

a mamie
b frère
c petits-enfants
d maman
e fils

B Verkehrte Welt. Korrigieren Sie die Sätze.

1 Ils ont annoncé la <u>jeunesse</u> de leur fils par courrier.
2 Le père et la mère de mon papa et ma maman sont mes <u>petits-enfants</u>.
3 Beaucoup de femmes arrêtent de travailler pour <u>coucher</u> leurs enfants.
4 Le soir, c'est souvent papa qui <u>adopte</u> les enfants.

C Verwandtschaft. Finden Sie im Gitter neun Wörter des Kapitels.

P	E	R	T	U	I	S	O	P
E	A	D	F	G	H	O	J	L
R	A	R	S	D	F	E	H	J
E	E	M	E	R	E	U	F	M
C	V	N	B	N	N	R	I	F
C	O	A	F	S	T	F	L	I
Y	J	N	H	A	G	S	S	L
Q	U	R	C	T	N	I	O	L
A	S	D	D	L	F	T	P	E
C	T	A	N	T	E	G	J	L

D Die Familie von Monsieur und Madame Simon. Ergänzen Sie die Lücken.

papy ▪ petite-fille ▪ familiale ▪ petits-enfants ▪ petits-fils ▪ mamie ▪ éducation

Monsieur et Madame Simon ont trois ________________. Il y a Mélanie, leur ________________, elle a 18 ans et puis ils ont deux ________________: Adrien et Victor qui ont 15 et 13 ans. Monsieur et Madame Simon participent beaucoup à l'________________ de leurs petits-enfants. Ils les emmènent au musée et au théâtre. Et puis, les petits-enfants adorent passer les vacances chez leur ________________ et leur ________________. Heureusement, la maison ________________ est très grande.

E Und bei Ihnen? Beantworten Sie die Fragen.

1 Est-ce que vous avez des enfants? Racontez.
2 Combien de générations y a-t-il actuellement dans votre famille?
3 Pour vous, que représente la famille?

Aussehen

Rund um das Erscheinungsbild

- À partir de l'âge de vingt ans, on est considéré comme *adulte*.
- Qu'est-ce qui ne va pas? Tu *as l'air* malade.
- Je n'aime pas *l'aspect* de ce *garçon*, il est mal habillé.
- Mon chien doit faire un régime, il est trop *gros*.

Charakter und Temperament – Zeitungsannoncen

Jeune *femme*, 28 ans, *active* mais *patiente* recherche un *homme sensible* et *aimable* pour relation *sérieuse*.

Groupe de trois *jeunes* recherche une *personne active*, pleine de *courage* et de nature *curieuse* pour voyage autour du monde.

Schwächen

- J'adore mon copain, mais il a mauvais *caractère*, en plus, il est *impatient* et déteste attendre.
- Les professeurs se plaignent que les étudiants sont *paresseux*, qu'ils n'ont pas envie de travailler.
- Notre nouveau voisin est assez *désagréable*, il ne dit jamais bonjour et écoute sa musique trop fort.
- Jeanne a raté son permis de conduire car elle était trop *nerveuse*.

A Eigenschaften. Finden Sie die Gegensätze.

1 petit ____________________

2 vieux ____________________

3 patient ____________________

4 passif ____________________

B *Qualité* oder *défaut*? Finden Sie im Gitter sechs Wörter des Kapitels und ordnen Sie zu.

L	N	N	A	I	M	A	B	L	E	T
B	O	S	E	U	D	Y	N	N	T	R
R	I	E	I	R	C	U	L	S	O	A
I	S	N	L	F	V	J	E	I	N	I
D	E	S	A	G	R	E	A	B	L	E
L	R	I	L	L	U	E	U	R	A	L
C	I	B	D	I	F	F	R	X	N	T
O	E	L	V	I	E	I	L	R	E	I
L	U	E	C	U	R	I	E	U	X	L
E	X	D	E	S	A	G	R	I	S	X

qualité	défaut

C Wortfelder. Welche Wörter passen nicht?

1 homme – gros – personne – femme
2 garçon – jeune – beau – grand
3 femme – adulte – garçon – vieux
4 aspect – moche – courage – petit

D Das Erscheinungsbild. Ergänzen Sie die Lücken.

as l'air ▪ moche ▪ vieux ▪ adultes ▪ jeunes

1 Mon fils fait du football avec les ____________________ de notre quartier.

2 Mon grand-père pense qu'il est trop ____________________ pour se servir d'un ordinateur.

3 Tu ____________________ d'être en pleine forme. Tu fais du sport?

4 Je n'aime pas sa nouvelle robe, elle est vraiment ____________________.

5 Jean donne des cours de français pour ____________________.

E Und bei Ihnen? Beantworten Sie die Fragen.

1 Décrivez la personne idéale selon vous, son aspect et son caractère.
2 Est-ce que vous faites attention à votre aspect? Comment?
3 Quels sont vos qualités et vos défauts? Donnez deux exemples de chaque.

Hobbys

Verschiedene Interessen

- Quelle est votre *activité* préférée?
- Moi, je suis un grand *amateur* de cinéma japonais.
- Et moi, je n'ai aucun *intérêt* pour le cinéma asiatique, je préfère les comédies françaises.
- Et vous, qu'est-ce qui vous *intéresse*?
- La seule *activité intéressante* pour moi, c'est la *marche*!

Freizeitbeschäftigungen

- Le poker est un *jeu* d'argent.
- Pour jouer au football, il faut 22 *joueurs*.
- Le cinéma et le sport sont les *loisirs* préférés des Français.
- Qui a *envie* d'aller se promener?

Was macht die Familie gern?

- Pierre aime bien *profiter* des vacances pour voir des amis.
- Mon frère *s'intéresse* beaucoup aux animaux.
- La *passion* de mon père, c'est les plantes, il passe tous ses week-ends dans le jardin.
- Emmanuel *consacre* beaucoup de temps aux *jeux* vidéo.

A Welches Wort passt zu welcher Erklärung? Ordnen Sie zu.

la passion ▪ le jeu ▪ la chasse ▪ collectionner ▪ chanter

1 Quelles nouvelles chansons as-tu apprises? ____________________

2 Bernard et ses amis ont rapporté un sanglier et un faisan. ____________________

3 Julien pleure parce qu'il a perdu. ____________________

4 J'ai 200 voitures miniatures. ____________________

5 Le cinéma, c'est vraiment ce que j'aime le plus. ____________________

B Wortfelder. Welche Wörter passen nicht?

1 marche – chasse – envie
2 activité – loisir – intérêt
3 peindre – joueur – jeu
4 passion – profiter – amateur

C Hobbys. Ergänzen Sie die Lücken.

intéressant ▪ m'intéresse ▪ consacre ▪ as envie

1 Qu'est-ce qu'on pourrait faire aujourd'hui? Est-ce que tu ____________________ de sortir?

2 Son père ____________________ beaucoup de son temps libre à sa famille.

3 J'ai vu un documentaire très ____________________ sur la chasse en France.

4 Je ne ____________________ pas au sport, je préfère les jeux vidéo.

D In der Freizeit. Finden Sie im Gitter sieben Wörter des Kapitels.

I	N	T	E	R	E	S	S	E	R
O	J	C	O	N	S	A	C	C	U
P	R	O	F	I	T	E	R	H	J
C	K	L	U	E	N	V	J	A	O
H	E	O	O	E	M	P	E	N	J
A	H	I	S	U	U	U	A	T	E
S	B	S	P	O	E	R	N	E	U
S	O	I	A	E	I	U	U	R	S
E	P	R	O	M	C	E	R	E	X

E Und bei Ihnen? Beantworten Sie die Fragen.

1 Quels sont vos loisirs?
2 Est-ce que vous avez une passion? Laquelle?
3 Est-ce que vous collectionnez ou est-ce que vous avez déjà collectionné quelque chose? Racontez.

Einfamilienhaus

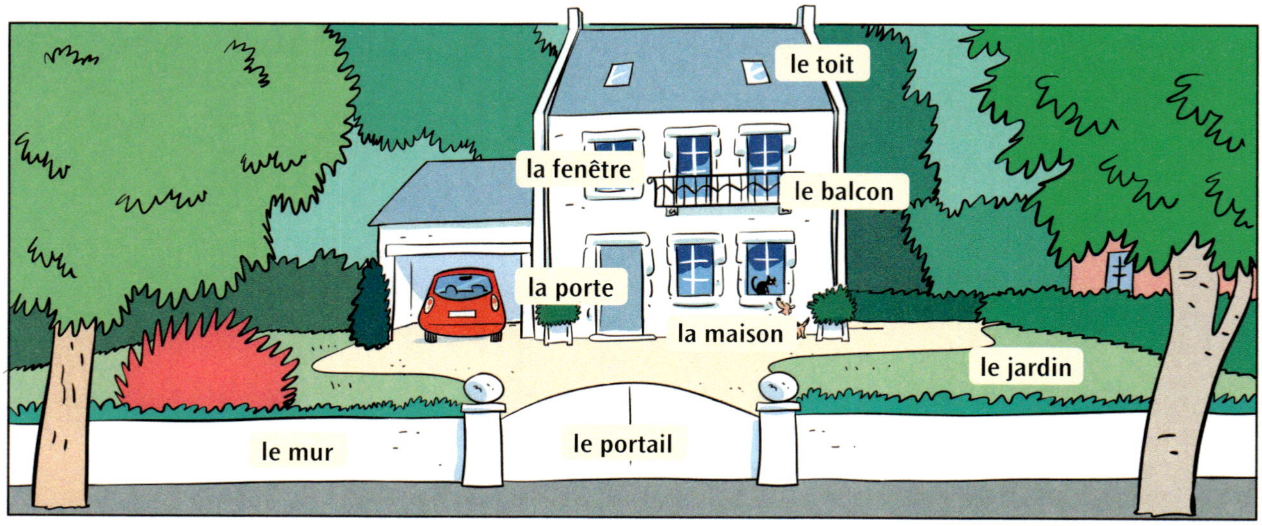

Gebäude

- Dans le bâtiment où j'habite, il n'y a pas d'*ascenseur*.
- Heureusement, mon *appartement* est au *rez-de-chaussée*.
- Je n'ai donc pas besoin de prendre l'*escalier*.
- Chez moi, il y a trois *pièces*: la *cuisine*, le *salon* et la *chambre*.
- J'ai une petite *salle de bains* avec une *douche*.

Zu Hause

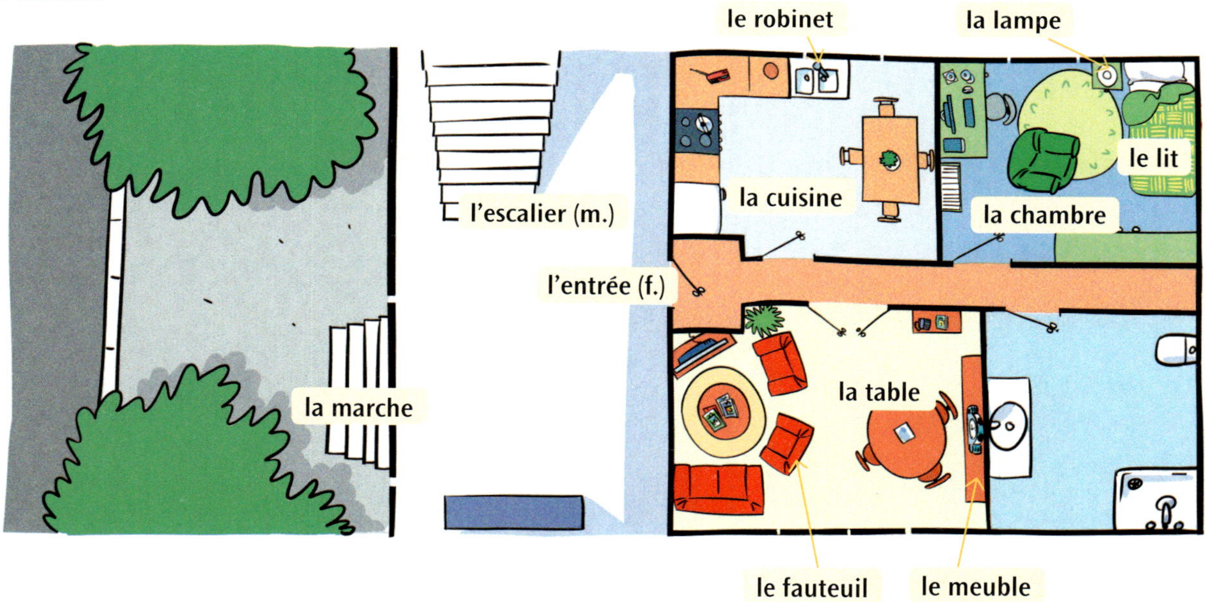

Wohnen

- *Fermez* bien toutes les *fenêtres* de la *maison* avant de sortir.
- Est-ce que tu peux *ouvrir* la *porte* du garage pour que je gare la voiture?
- Nos amis ont fait *construire* une petite *maison* de vacances en Bretagne. Ils y vont tous les week-ends.
- Ils *ont meublé* leur nouvel *appartement* avec des *meubles* très modernes.

A Im Haus. Finden Sie im Gitter zehn Wörter des Kapitels.

T	T	M	A	R	C	H	E	O	E	R
B	A	F	D	I	Q	N	R	Y	S	I
M	D	O	U	C	H	E	D	E	C	D
E	L	E	T	A	B	L	E	E	A	O
U	E	R	T	O	E	R	U	D	L	X
B	L	K	A	O	I	E	S	P	I	L
L	A	A	C	U	I	S	I	N	E	I
E	N	M	M	I	P	T	S	C	R	T
T	P	O	P	P	A	T	U	E	X	L
K	T	I	S	E	E	O	L	I	J	T
F	A	U	T	E	U	I	L	B	L	A

B Wortverwandtschaften. Finden Sie die Verben zu folgenden Substantiven.

1 construction ____________________

2 meuble ____________________

C Beim Makler. Ergänzen Sie die Lücken.

rez-de-chaussée ▪ chambres ▪ entrée ▪ salle de bains ▪ salon ▪ jardin ▪ balcon ▪ maison

Sophie: «Bonjour, nous cherchons une ____________________ à acheter.»

Éric: «Je peux vous faire visiter cette petite maison: Au ____________________, il y a une ____________________, la cuisine et le ____________________. Au premier étage, il y a deux ____________________ avec chacune un ____________________. Il y a une ____________________ avec douche. La maison a aussi un petit ____________________ avec une terrasse.»

D Begriffsbestimmungen. Finden Sie die passenden Wörter.

1 Il sert à fermer le jardin.
2 Il sert de séparation entre les maisons ou les pièces.
3 Il sert à monter et descendre les étages sans efforts.
4 Il sert à amener l'eau dans la maison.
5 Elle sert à amener la lumière du jour dans la maison.
6 Elle sert à ouvrir ou fermer une pièce.

a l'ascenseur
b la fenêtre
c le mur
d le portail
e la porte
f le robinet

E Und bei Ihnen? Beantworten Sie die Fragen.

1 Dans quel type de logement habitez-vous? Combien y a-t-il de pièces? Comment est-ce chez vous? Décrivez l'endroit où vous habitez.
2 Où aimeriez-vous habiter? Dans une maison ou un appartement? Pourquoi?
3 Quelle est votre pièce préférée dans la maison? Pourquoi?

Materialen

le bois

le charbon

l'argent (m.)

l'or (m.)

la corde

le papier

Zu Hause

- J'ai marché dans la boue et j'ai sali mes chaussures. Je vais les *nettoyer* pour qu'elles soient *propres* pour ce soir.
- Tu jettes ces *déchets* dans la poubelle.
- Ce soir, je vais mettre de *l'ordre* dans les *papiers*.
- J'ai faim. Est-ce qu'il y a quelque *chose* à manger dans le frigo?
- Mon frère m'a rapporté un *objet* du Mexique.

Heizung und Licht

- Le *gaz* et le *bois* sont *utilisés* comme *énergie* dans la maison. Avec le *bois*, on fait du *feu*.
  Le *feu* apporte de la lumière et peut servir à *éclairer*, c'est *pratique*.
  On peut se servir du *gaz* pour cuisiner, faire *bouillir* de l'eau par exemple.

Objekte im Haus

les *allumettes* (f. pl.)

le *tuyau*

la *prise*

la *ficelle*

A Materialien. Füllen Sie das Kreuzworträtsel aus.

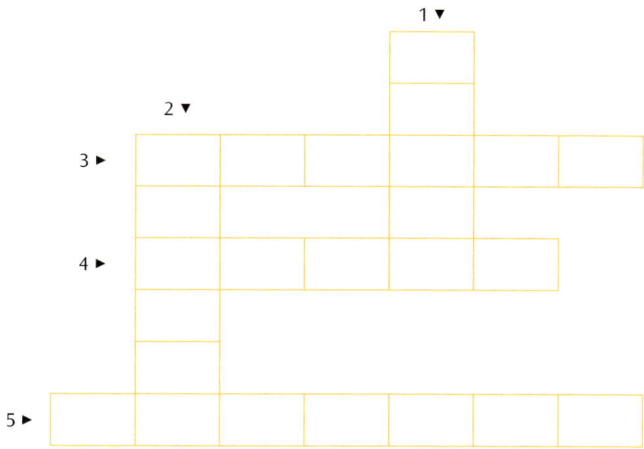

1 Elle permet de brancher les appareils électriques.
2 Si c'est bien nettoyé, c'est … .
3 Il est fabriqué à partir du bois.
4 Un synonyme de «chose».
5 Ils vont généralement à la poubelle.

B Verkehrte Welt. Korrigieren Sie die Sätze.

1 Le bois peut servir à fabriquer du gaz.
2 On utilise la ficelle pour attacher les bateaux.
3 On installe des tuyaux dans les maisons pour faire passer le feu.
4 Ma mère utilise le papier pour fermer le sac poubelle.

C Wortfelder. Welche Wörter passen nicht?

1 feu – bois – déchets – allumettes
2 argent – or – énergie – corde
3 ordre – bouillir – nettoyer – propre

D Zu Hause. Ergänzen Sie die Lücken.

pratique ▪ or ▪ ordre ▪ allumettes ▪ ficelle

1 Est-ce que tu peux mettre de l' ________________ dans ta chambre, s'il te plaît?
2 Je ne me sers jamais de cet appareil, il n'est pas ________________ .
3 Prends de la ________________ pour fermer ce sac.
4 Je cherche les ________________, j'ai perdu mon briquet.
5 Mon ami m'a offert un joli collier en ________________ pour mon anniversaire.

E Und bei Ihnen? Beantworten Sie die Fragen.

1 Imaginez que vous êtes architecte. Décrivez la maison que vous aimeriez concevoir. Comment la voyez-vous? Quels matériaux utiliseriez-vous? Quelles énergies utiliseriez-vous?
2 Est-ce que vous aimez une maison propre et en ordre ou préférez-vous un peu de désordre? Expliquez.

Land und Natur

Städte

- Paris, Lyon et Marseille sont les trois plus grandes *villes* de France.
- Normalement en France, les vélos n'ont pas le droit de circuler sur les *trottoirs*.
- J'aime bien mon *quartier*, il est très animé et les habitants sont sympas.
- Cet homme arrête les *passants* dans la rue pour leur demander de l'argent.
- Mon voisin vend ses fruits et légumes sur le *marché* du *village*.

Am Meer

Umwelt

- La protection de *l'environnement* est devenue un sujet très important en France où un ministère de *l'écologie* a été créé dès 1971.
- L'agriculture intensive et l'industrialisation *ont pollué* l'air et *l'eau*. Nos *ressources* naturelles diminuent. Les *écologistes* et tous les citoyens doivent faire des efforts car il faut protéger la *Terre*.

A Auf dem Land. Ergänzen Sie die Lücken.

environnement ▪ village ▪ ferme ▪ champs ▪ nature

Nous avons passé nos dernières vacances dans un petit ________________ de Provence, très pittoresque.

Nous avons fait du camping à la ________________ . La ________________ était magnifique:

il y avait des ________________ de lavande partout.

C'était vraiment l'________________ idéal pour se reposer.

B *Ville* oder *campagne?* Ordnen Sie zu.

forêt ▪ marché ▪ champ ▪ quartier ▪ trottoir ▪ ferme ▪ nature ▪ lac ▪ passants

ville	campagne

C Wortfelder. Welche Wörter passen nicht?

1 écologie – polluer – vague – environnement
2 quartier – sable – plage – mer
3 côte – mer – lac – rivière
4 source – campagne – forêt – nature

D Begriffsbestimmungen. Ordnen Sie zu.

1 Malheureusement, c'est une ressource de plus en plus rare, beaucoup de pays en manquent.
2 Il faut la protéger et la garder propre pour la laisser à nos enfants.
3 Elle peut être plus ou moins longue et coule vers la mer.
4 Elle peut être petite ou grande, riche ou pauvre, belle ou laide.

a Terre
b ville
c eau
d rivière

E Und bei Ihnen? Beantworten Sie die Fragen.

1 Où habitez-vous? En ville ou à la campagne?
2 Décrivez votre quartier ou votre village.
3 Qu'est-ce que vous préférez: vivre en ville ou à la campagne? Expliquez.
4 Où passez-vous vos vacances? Décrivez un paysage qui vous a beaucoup plu.

Wetter

le *soleil*

la *pluie*

le *vent*

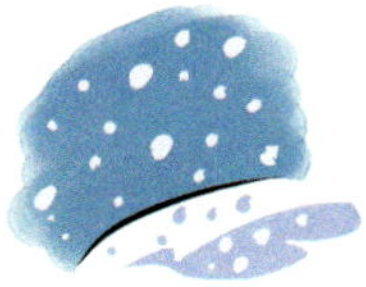

la *neige*

Wettervorhersage

Voici le temps pour aujourd'hui en France: Hélas, le *ciel* est plutôt gris. À l'ouest, il va *pleuvoir* toute la journée, alors pensez à prendre votre parapluie. Il fera assez *froid* au nord avec des *températures* autour de six *degrés*, et plus *chaud* sur la côte méditerranéenne où le soleil brillera.

Tiere

Les animaux

le cheval

le chien

le poisson

la poule

l'oiseau (m.)

la souris

le tigre

Pflanzen

- Nous avons planté un *arbre* dans notre jardin, c'est un *arbre* fruitier, un cerisier.
- Ma voisine viendra arroser les *plantes* chez moi pendant mes vacances.
- «Est-ce que tu as acheté des *fleurs* pour offrir à ta mère?» – «Oui, j'ai pris un bouquet de roses.»
- En automne, les *arbres* perdent leurs *feuilles*.
- Les *oiseaux* ont fait un nid sur une des *branches* de notre *arbre*.

A Fauna und Flora. Ordnen Sie zu.

1 C'est un animal qui sert beaucoup à l'homme pour le travail ou pour les loisirs.
2 On les trouve dans la nature, dans les jardins ou bien dans des vases à la maison.
3 C'est l'animal domestique préféré des hommes. Il est très fidèle.
4 Elle est verte et peut vivre à l'intérieur ou à l'extérieur de la maison.

a plante
b cheval
c fleurs
d chien

B Rund um Tiere. Finden Sie im Gitter sechs Wörter des Kapitels.

A	B	P	I	O	S	J
P	O	I	S	S	O	N
R	O	I	I	T	U	N
C	I	S	O	U	R	A
H	S	E	R	T	I	C
E	E	A	A	I	S	H
V	A	T	G	G	R	I
A	U	L	E	R	A	E
P	O	U	L	E	N	N

C Das Wetter. Ergänzen Sie die Lücken.

soleil ▪ ciel ▪ vent ▪ pluies ▪ neige

1 Quel temps magnifique! Le ________________ est bleu.

2 Les stations de ski ont eu beaucoup de ________________ l'hiver dernier.

3 Ne reste pas trop longtemps au ________________, tu vas avoir trop chaud.

4 Les ________________ de l'automne sont venues grossir la rivière qui risque de déborder.

5 La course à vélo a été annulée à cause du ________________.

D Verkehrte Welt. Korrigieren Sie die Sätze.

1 Aujourd'hui, il va faire beau. Prends ton parapluie.
2 Attention, il y a beaucoup de neige. Ton chapeau va s'envoler!
3 «Brr, j'ai chaud. Je vais mettre un pull.»
4 Dans le sud, les pluies sont toujours plus élevées que dans le nord.
5 Certaines feuilles de cet arbre sont trop grosses, il faut les couper.

E Und bei Ihnen? Beantworten Sie die Fragen.

1 Quel temps préférez-vous? Pourquoi?
2 Que faites-vous quand il pleut?
3 Avez-vous des animaux chez vous? Lesquels?
4 Aimez-vous les plantes et les fleurs?

Orientierung

Les directions

le *nord*

l'*ouest* (m.)

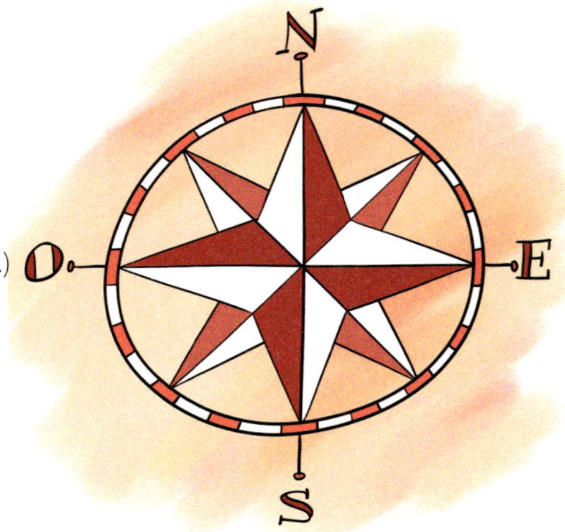

l'*est* (m.)

le *sud*

Touristen

à *gauche*

à *droite*

Im Urlaub

- L'office de tourisme est un bureau où les touristes peuvent trouver des *informations* sur la ville ou la région.
- Si on voyage en voiture et qu'on ne connaît pas la région, une *carte* routière est indispensable pour ne pas se perdre.
- On a besoin d'un *billet* pour voyager en train ou avion.
- On peut faire le *voyage* en voiture, en train ou en avion, par exemple.
- Les *vacances* sont les jours dans l'année où l'on ne travaille pas.

Auf dem Weg ins Hotel

Dans la rue

M. Dupont: «Est-ce que vous pourriez m'*indiquer* le *chemin* pour aller à l'*Hôtel* Saint-Christophe, s'il vous plaît?»

Passante: «Alors, vous tournez à droite dans la *rue* Monge, l'*hôtel* est sur le côté *gauche*.»

M. Dupont: «Merci.»

In der Touristeninformation

Touriste: «Bonjour, je voudrais faire une visite de la ville en bus, est-ce que c'est possible?»

Employé: «Oui, il y a un bus touristique qui vous *montre* tous les *lieux* intéressants de notre ville. Le départ est à 14h00 et le *retour* à 15h30.»

Touriste: «Merci.»

Employé: «Bon *séjour* dans notre ville.»

A Eine Reise nach Korsika. Ergänzen Sie die Lücken.

hôtel ▪ carte ▪ billets ▪ voyage ▪ vacances ▪ appareil photo

1 Demain, je pars en __________ en Corse.

2 Notre __________ est très bien situé, en face de la plage.

3 Nous allons faire le __________ en avion depuis Paris.

4 Nous avons déjà nos __________ d'avion.

5 Aujourd'hui, je vais acheter un nouvel __________ et une __________ de la région avant de partir.

B Rund um den Urlaub. Finden Sie im Gitter sechs Wörter des Kapitels.

T	D	U	V	R	U	E
V	I	L	O	R	A	I
A	R	T	Y	N	R	E
C	E	O	A	I	E	V
A	C	N	G	O	T	I
N	T	T	E	L	O	S
L	I	E	U	D	U	I
T	O	U	R	E	R	T
E	N	A	L	P	E	E

C Assoziationen. Ordnen Sie zu.

1 montrer
2 gauche
3 la carte
4 le chemin

a le plan
b droite
c indiquer
d la direction

D Verkehrte Welt. Korrigieren Sie die Sätze.

1 Je ne connais pas le <u>séjour</u> pour aller à la plage.
2 Berlin est situé à l'<u>ouest</u> de Paris.
3 Les Pyrénées sont une chaîne montagneuse dans le <u>nord</u> de la France.
4 Vous partez en vacances demain? <u>Bonne information</u>, alors!
5 Lille est au <u>sud</u> de la France.
6 Vous êtes en vacances dans notre ville? Bon <u>chemin</u>!
7 La Bretagne est à l'<u>est</u> de la France.

E Und bei Ihnen? Beantworten Sie die Fragen.

1 Est-ce que vous partez en vacances? Comment voyagez-vous?
2 Est-ce que vous aimez faire du camping ou restez à l'hôtel? Pourquoi?
3 Racontez vos dernières vacances. Où êtes-vous allé/e et comment avez-vous voyagé?
4 Expliquez comment aller de chez vous à la gare.

Fahrzeuge

In der Stadt

Verkehr und Fahrzeuge

- Sur l'autoroute, par temps de pluie, la *route* est glissante. Il faut réduire sa *vitesse* et augmenter sa *distance*.
- Pour aller à l'île de Ré, vous devrez emprunter le *pont* ou bien prendre un *bateau* au *port* de la Rochelle.
- Les *avions* décollent et atterrissent dans des *aéroports*.
- Il faudrait développer le *réseau* de chemins de fer pour le *transport* des marchandises, car le *train* est plus écologique que le *camion*.
- À Paris, je préfère prendre le *métro*, car il est difficile de se *garer* en *voiture*.

Unfall

Ma tante a eu un *accident* de *voiture* en rentrant chez elle un soir d'hiver. Elle a voulu *dépasser* un *camion* qui n'était pas assez *rapide*, mais la *route* était glissante et ma tante *roulait* trop *vite*. Heureusement, il n'y a pas eu de blessés. Mais le *moteur* de sa *voiture* ne marchait plus, elle a dû la faire *réparer*.

A In der Stadt. Füllen Sie das Kreuzworträtsel aus.

1 Ce qui sépare un lieu d'un autre.
2 Le TGV en est un.
3 Il y en plus de 35 sur la Seine à Paris.
4 Passer devant une autre voiture.
5 Remettre en bon état de fonctionnement.

B Begriffsbestimmungen. Ordnen Sie zu.

1	Il n'y a pas de blessé, mais la voiture est cassée.	a	avion
2	Notre vol a duré quinze heures, nous avons atterri à l'aéroport de Montréal.	b	traverser
3	Le magasin de souvenirs est de l'autre côté de la rue.	c	vélo
4	N'oublie pas ton casque et sois prudent.	d	accident
5	Tu dois descendre à la prochaine.	e	se garer
6	Je ne trouve aucune place, j'aurais dû venir en tram.	f	station

C Wortfelder. Welche Wörter passen nicht?

1 rouler – camion – bateau – voiture
2 voiture – route – port – autocar
3 métro – réseau – moteur – tram
4 vite – monter – vitesse – rouler

D Stadtverkehr. Ergänzen Sie die Lücken.

autocar ▪ bateau ▪ réseau ▪ rapide ▪ réparer ▪ conduire

1 Mon neveu a 18 ans, il apprend à ________________.

2 Cette ville a un très bon ________________ de transports publics.

3 Je ne peux pas ________________ la voiture, je dois l'emmener au garage.

4 Pour aller à Belle-Île, tu dois prendre un ________________.

5 En ville, le tramway est plus ________________ que la voiture.

6 Pour aller dans certaines villes, on peut aussi prendre un ________________.

E Und bei Ihnen? Beantworten Sie die Fragen.

1 Comment vous déplacez-vous en général? Est-ce que vous prenez les transports en commun? Expliquez pourquoi.
2 Est-ce que vous avez déjà eu un accident ou un problème avec votre voiture? Racontez.

In der Küche

Was man isst

- On nous conseille de *manger* cinq *fruits* et *légumes* par jour pour être en forme.
- Le matin, je prends un *café* au *lait* avec deux *tranches* de brioche.
- Moi, je *prépare* le *gâteau* et toi, tu fais la *vaisselle*, d'accord?
- Il n'y a plus rien à *manger* dans mon réfrigérateur, je dois faire des courses.
- Dans l'après-midi, les enfants *mangent* une *tartine* de *beurre* et de *confiture*.

Im Restaurant

Julien: «J'ai *faim*, je vais commencer par une *soupe*. Et toi?»
Marie: «Je vais d'abord prendre la salade avec la *baguette*.»
Garçon: «Et comme *boisson*?»
Julien: «Nous allons *boire* du *vin* de Bourgogne et de l'eau.»
Garçon: «Vous prendrez du *fromage* ou un dessert?»
Marie: «Moi, je prends un dessert, je vais prendre une *part* de *tarte* et une *glace*.»
Julien: «Et moi, je vais prendre le plateau de *fromages*.»

Rund ums Essen

- Les desserts de ce restaurant sont très *bons*.
- La *tarte* doit *cuire* 30 minutes au four.
- La *serveuse* nous apporte la *boisson*.
- Ce *fromage* est vraiment très *salé*.
- Ce *gâteau* au miel est très *sucré*.

A Im Restaurant. Finden Sie im Gitter sechs Wörter des Kapitels.

B	C	Z	G	C	H	K	S
A	O	R	U	A	T	S	E
G	G	I	U	S	E	L	R
G	L	U	R	S	R	P	V
B	A	G	U	E	T	T	E
C	C	R	A	R	E	I	U
E	E	I	B	O	I	P	S
A	T	R	T	L	S	C	E
S	O	U	P	E	L	D	X

B *Vaiselle* oder *produits alimentaires*? Ordnen Sie zu.

tartine ▪ fourchette ▪ glace ▪ gâteaux ▪ casserole ▪ légumes ▪ cuiller ▪ tarte ▪ verre ▪ fromage

vaisselle	produits alimentaires

C Begriffsbestimmungen. Ordnen Sie zu.

1 Ils accompagnent la viande par exemple.
2 C'est le lait, le vin, l'eau.
3 On le prend noir ou au lait, sucré ou non.
4 Elle peut être sucrée ou salée, aux fruits ou aux légumes.
5 Elle sert à faire cuire le steak par exemple.
6 Elle est faite de fruits et de sucre.

a confiture
b tarte
c boisson
d poêle
e légumes
f café

D Ein Rezept. Ergänzen Sie die Lücken.

beurre ▪ fromage ▪ bon ▪ cuire ▪ tranches ▪ préparer

Est-ce que vous connaissez le croque-monsieur? C'est un sandwich grillé avec du ________________ et du jambon. C'est très simple à ________________.

Vous prenez deux ________________ de pain. Vous mettez du ________________ sur chaque tranche et vous posez le jambon et le fromage. Faites ________________ au four quelques minutes.

C'est prêt et c'est très ________________.

E Und bei Ihnen? Beantworten Sie die Fragen.

1 Quels sont vos plats préférés? Préférez-vous plutôt les plats salés ou sucrés?
2 Y a-t-il une recette que vous aimez faire? Si oui, laquelle?
3 Que mangez-vous généralement le soir?

Im Geschäft

Online einkaufen

Finie la foule dans les *magasins*, on peut maintenant faire ses *courses* sur Internet et même faire des bonnes *affaires*! Il suffit de choisir et de *commander* les *produits* qui nous intéressent. En trois clics, la *marchandise* est expédiée et s'il y a un problème, on peut toujours la rendre. C'est formidable, plus besoin de sortir, on nous *livre* rapidement à domicile.

Einkaufsgewohneiten

- Un centre *commercial* regroupe sous un même toit plusieurs *magasins* et même un supermarché.
- Moi, je préfère faire mes *courses* dans les petits *commerces* de mon quartier, c'est plus pratique et plus sympa.
- Beaucoup de Français souhaiteraient que les *magasins* soient *ouverts* le dimanche.
- Les *clients* ne réfléchissent pas toujours avant d'*acheter* certains *produits* dont ils ne feront pas *usage*.
- Chez moi, j'ai toujours une *réserve* de pâtes et de sauce.

Konsum

- Mes parents ont *acheté* une voiture *neuve*.
- C'est à Noël que les *magasins* de jouets *vendent* le plus.
- Je viens de *m'acheter* une *nouvelle* robe.
- Ce *produit* est moins cher, mais la *qualité* est moins bonne.
- La *vente* sur Internet est en forte progression.

A Einkäufe. Füllen Sie das Kreuzworträtsel aus.

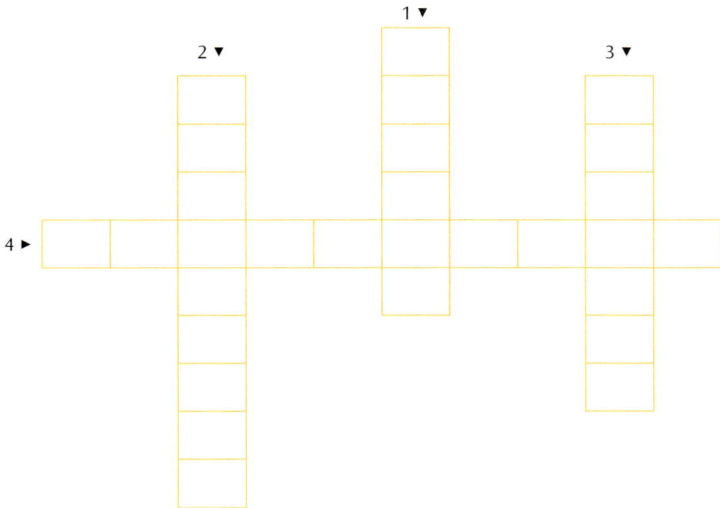

1 Il faut arriver dès que le magasin est … si on veut avoir le choix.
2 Le magasin doit … notre nouveau sofa, ils ne l'ont pas en réserve.
3 J'ai fait une mauvaise … en achetant cette voiture, elle est constamment en panne.
4 Le déficit … de leur entreprise est important.

B Assoziationen. Ergänzen Sie die Definitionen.

1 l'acte de vendre ______________________

2 l'action d'acheter, de vendre et de distribuer des produits ______________________

3 le contraire de «vendre» ______________________

C Begriffsbestimmungen. Ordnen Sie zu.

1	Ce que l'on achète en avance et que l'on stocke.	a	client
2	Avec le prix, c'est l'un des critères importants pour le client.	b	usage
3	C'est l'utilisation d'un produit.	c	réserve
4	Celui qui achète.	d	qualité

D Kaufen und verkaufen. Ordnen Sie zu.

livrer ▪ commander ▪ neuf ▪ vendre ▪ nouvelle

1 Mince, je viens de déchirer mon pantalon, il était tout ______________.

2 Je vais ______________ ma vieille voiture avant d'en acheter une ______________.

3 Est-ce qu'on ______________ des pizzas pour ce soir?

4 Pour Noël, le magasin ______________ gratuitement pour les commandes de plus de 50 €.

E Und bei Ihnen? Beantworten Sie die Fragen.

1 Quel type de client/e êtes-vous? Où faites-vous vos courses? Racontez.
2 Quelle est la dernière chose que vous avez achetée?
3 Est-ce que vous aimeriez pouvoir faire vos courses le dimanche? Pourquoi? Expliquez.

Bezahlung

le *prix*

les *pièces* (f. pl.)

l'*euro* (m.)

la *banque*

Einkaufen

- J'ai oublié mon sac, je n'ai pas *d'argent* sur moi.
- Je n'ai pas assez de *liquide*. Est-ce que vous acceptez les chèques?
- Les jeunes font beaucoup de *dépenses* pour s'habiller.
- Le *paiement* peut s'effectuer par carte Visa ou Mastercard.
- Quel est le *montant* de la dette publique?
- On peut effectuer le *règlement* en plusieurs fois.

Preise

- Les *prix* des fruits et légumes *augmentent* constamment. Tout est trop *cher*.
- Combien *coûte* la place de cinéma?
- Les *frais* de livraison ne sont pas compris dans le *prix*.
- Le parking est *gratuit* le dimanche.
- J'ai *économisé* un peu d'argent pour m'acheter une nouvelle voiture.
- Il ne faut pas oublier de *payer* les *factures* de gaz et d'électricité et le *loyer* pour l'appartement.

Rund um das Geld

- Notre *revenu,* c'est *l'argent* qu'on gagne en travaillant.
- La *valeur* d'une chose, c'est son *prix*.
- On est *riche* quand on a beaucoup *d'argent* pour vivre, on est *pauvre* quand on n'en a pas assez pour vivre correctement.
- *L'euro* est la *monnaie* européenne.
- Un *euro vaut* 6,55 *francs*.
- Le *budget*, c'est les *dépenses* et les *revenus* de la famille.
- La *banque* peut nous accorder un *crédit* pour acheter une maison.
- Nos voisins ont gagné une *fortune* au loto, mais ils préfèrent ne pas montrer leur *richesse*.

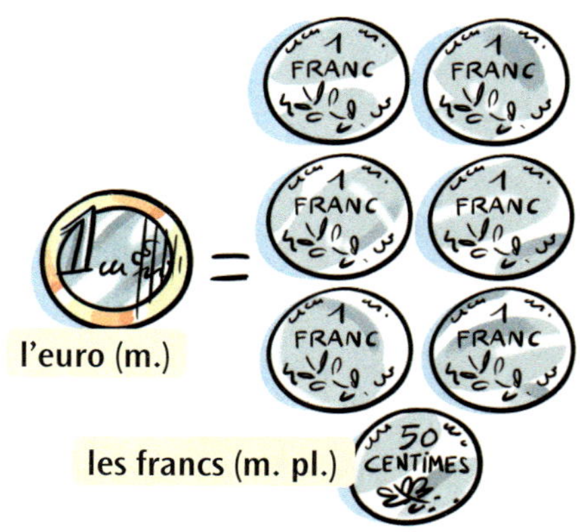

A Geldverkehr. Füllen Sie das Kreuzworträtsel aus.

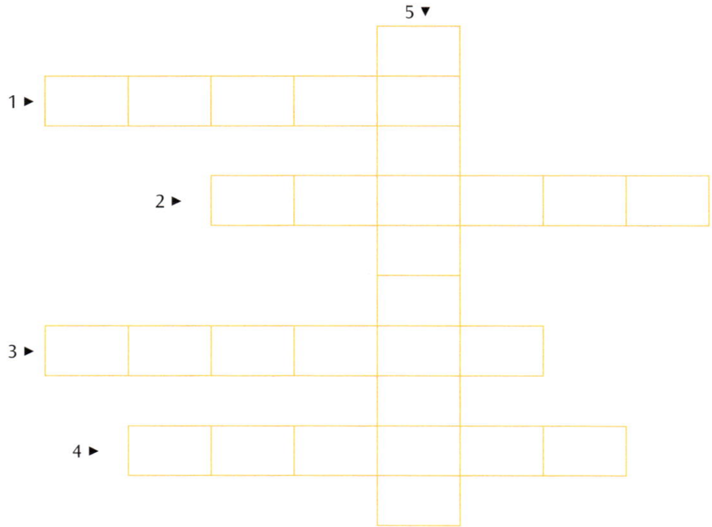

1 La monnaie da la France avant l'euro.
2 On y va pour chercher de l'argent.
3 Ce verbe indique la valeur de quelque chose.
4 Il nous sert à acheter ce dont on a besoin pour vivre.
5 Ne pas dépenser.

B Geldgeschäfte. Finden Sie die passenden Wörter zu den Definitionen.

1 l'action de dépenser de l'argent ____________________
2 le contraire de «pauvre» ____________________
3 le verbe pour «faire un paiement» ____________________
4 ne rien coûter ____________________

C Wortfelder. Welche Wörter passen nicht?

1 valeur – revenu – prix – valoir
2 facture – loyer – liquide – payer
3 règlement – payer – augmenter – euro
4 richesse – pièce – fortune – riche

D Der Kauf. Ordnen Sie zu.

crédit ▪ coûte ▪ euros ▪ facture ▪ frais ▪ gratuits ▪ cher ▪ budget

Hier, j'ai acheté un nouveau sofa pour le salon. Il ____________ 4000 ____________. Comme il est trop ____________ pour mon ____________, je vais le payer à ____________ sur un an. Le vendeur m'a fait une ____________. Je l'ai fait livrer à la maison, j'ai de la chance, les ____________ de livraison sont ____________.

E Und bei Ihnen? Beantworten Sie die Fragen.

1 Est-ce que vous faites attention à vos dépenses?
2 Qu'est-ce que vous préférez acheter, des choses bon marché ou plutôt chères? Expliquez.

Kleidung

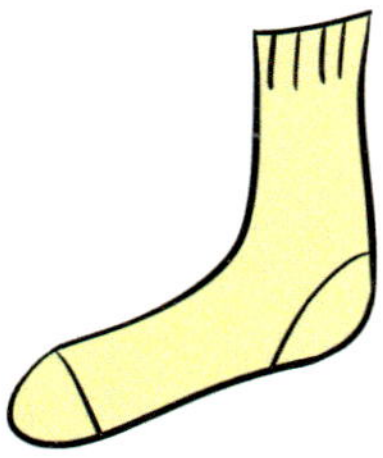

la *chaussette*

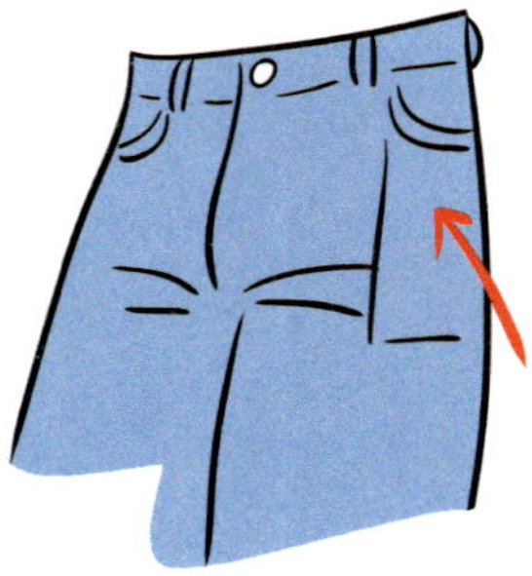

la *poche*

la *robe*

la *veste*

Accessoires

Stoffe und mehr

- Je préfère les colliers de *perles*.
- Ma mère a acheté du *tissu* pour se faire une *jupe*.
- Le week-end, je préfère mettre des *vêtements* décontractés.
- L'or est une matière *précieuse*.
- Pour le mariage, elle était *vêtue* d'une longue *robe* blanche.
- Est-ce que tu peux m'aider à *attacher* mon collier?

Ein Kleid kaufen

Dans le magasin de vêtements:

Claire: «Bonjour, je cherche une *robe* pour cet été.»

Vendeuse: «Oui, quel *style* préférez-vous? *Chic* ou décontracté?»

Claire: «Plutôt *chic*, c'est pour une fête.»

Vendeuse: «Nous avons cette très jolie *robe* rouge.
Le rouge est très à la *mode* cet été.»

Claire: «Elle est très élégante. Est-ce que je peux l'*essayer*?»

Vendeuse: «Bien sûr. Les cabines sont au fond à gauche.»

A Definitionen. Finden Sie die passenden Wörter.

1 le contraire de «décontracté» ________________

2 On y met de l'argent. ________________

3 On peut la suivre ou non. Elle change tous les ans. ________________

4 Ce qui vaut très cher. ________________

B Verkehrte Welt. Korrigieren Sie die Sätze.

1 Est-ce que je peux <u>attacher</u> cette robe, s'il vous plaît?
2 Il va pleuvoir, prends ton <u>panier</u>.
3 Les <u>chaussettes</u> de cette veste sont très grandes.

C Mode und Accessoires. Finden Sie im Gitter elf Wörter des Kapitels.

C	E	U	V	E	S	T	E	C	E
A	H	I	U	P	F	A	U	H	I
T	P	A	R	A	P	L	U	I	E
T	E	T	U	R	F	C	B	C	N
I	R	T	I	S	S	U	A	R	R
E	L	O	O	T	S	T	Y	L	E
G	E	P	L	R	Y	E	I	L	J
V	E	T	E	M	E	N	T	A	U
P	A	N	I	E	R	S	C	T	P
A	D	G	E	H	I	M	O	D	E

D Im Einkaufscenter. Ergänzen Sie die Lücken.

robe ▪ montre ▪ tissu ▪ essayer

1 Je voudrais ________________ cette robe, s'il vous plaît.

2 Ma ________________ ne marche plus, est-ce que tu as l'heure?

3 Je cherche du ________________ pour faire des rideaux.

4 Cette ________________ est trop chic pour cette occasion.

E Und bei Ihnen? Beantworten Sie die Fragen.

1 Quel style de vêtements aimez-vous porter? Pourquoi?
2 Quel est le dernier vêtement ou accessoire que vous avez acheté? Racontez votre visite dans le magasin.
3 Comment êtes-vous habillé/e? Décrivez les vêtements que vous avez sur vous maintenant.

Am Schalter

Ämter

- Les *fonctionnaires* travaillent dans l'*administration*.
- La *douane* s'occupe de contrôler les frontières.
- L'*office* des migrations internationales s'occupe des expatriés.
- Il est responsable de la *section* nord de cette *administration*.

Dokumente

- De quels *documents* officiels a-t-on besoin pour voyager?
- N'oublie pas de faire une *copie* de ta *lettre* avant de l'envoyer.
- Vous trouverez *ci*-joint le contrat.
- On peut maintenant payer ses *impôts* sur Internet.
- Je *corresponds* depuis quelques mois avec un étudiant indien.

Verwaltung

- La pétition doit être *adressée* au maire de votre commune.
- Merci d'*envoyer* une *copie* de votre *document* à l'adresse *ci*-dessus.
- La mairie va *examiner* ma demande avant de décider.
- L'*expéditeur* n'a pas mis son adresse sur l'enveloppe.
- N'oubliez pas de *signer* votre *lettre*.
- Merci de bien *vérifier* l'adresse avant d'envoyer la *lettre*.

A Dokumente. Finden Sie im Gitter fünf Verben des Kapitels.

E	X	P	E	D	I	T	E	A
D	E	F	I	R	V	E	R	D
S	V	E	R	I	F	I	C	R
T	E	N	V	O	Y	E	R	E
S	L	X	A	R	O	Y	I	S
I	C	R	A	S	S	E	R	S
G	L	O	T	M	C	R	A	E
N	A	T	T	R	I	S	E	R
E	S	I	G	N	E	N	X	L
R	T	E	S	S	E	R	E	E
V	E	R	I	F	I	E	R	R

B Auf Ämtern. Ordnen Sie zu.

1 Il travaille pour l'administration.
2 Cela dépend du poids de la lettre et de la destination.
3 Il permet de financer les dépenses publiques.
4 N'oubliez pas de déclarer vos achats en quittant le pays.

a impôt
b douane
c timbre
d fonctionnaire

C Wortfelder. Welche Wörter passen nicht?

1 expéditeur – examiner – envoyer
2 administration – fonctionnaire – expéditeur
3 lettre – copie – correspondre

D Bürokratie. Ergänzen Sie die Lücken.

ci ▪ vérifient ▪ office ▪ documents ▪ section ▪ signer

1 Les fonctionnaires ____________ que la demande est complète et vous demandent de ____________ le reçu.

2 Vous trouverez ____________-dessous le détail de la facture.

3 Ce fonctionnaire a changé de ____________.

4 Juliette travaille tout l'été à l'____________ de tourisme de sa ville.

5 Gardez ces ____________ avec vous pendant tout le voyage.

E Und bei Ihnen? Beantworten Sie die Fragen.

1 Avez-vous déjà eu rendez-vous dans une administration chez vous ou à l'étranger? Pour quoi faire? Racontez votre expérience.
2 Quels papiers officiels avez-vous sur vous? Et quand vous sortez?
3 Est-ce que vous connaissez l'administration française? Si oui, comparez-la à l'administration dans votre pays.

Auf der Post

- Avant de *poster* une lettre, il faut l'*affranchir*, c'est-à-dire mettre un timbre.

Verschiedene Organisationen

- L'ANPE (Agence Nationale Pour l'Emploi) est un *organisme* public qui *aide* les demandeurs d'emploi à trouver un poste.
- En France, il y a de nombreuses *communautés* linguistiques.
- La *mission* de l'association «Force femmes» est d'*aider* les femmes de plus de 45 ans à retrouver du travail.

Dienstleistungen

- Quels *services* propose cette association?
- Sans l'*aide* des parents, cette crèche ne pourrait pas fonctionner.
- Votre *assurance* habitation ne couvre pas tous les risques.
- Elle est assistante *sociale* auprès des jeunes en difficulté.

Beihilfen

- Mon *assurance* auto m'a *accordé* un bonus.
- Est-ce que votre *assurance* auto comprend une *assistance* à l'étranger?
- Depuis qu'il est au chômage, il reçoit une *aide* financière de ses parents.

A Organisationen. Finden Sie im Gitter fünf Wörter des Kapitels.

O	R	G	A	N	I	S	M	E
A	P	R	I	C	O	U	V	R
P	U	U	D	A	A	V	O	I
R	B	L	B	I	A	I	D	E
O	I	A	L	L	O	C	D	R
M	M	I	S	S	I	O	N	C
E	S	E	R	V	I	C	E	E

B Definitionen. Finden Sie die passenden Wörter.

1 l'action d'aider quelqu'un ______________________

2 entreprise qui s'occupe de la distribution du courrier ______________________

3 groupement de personnes dans une intention commune ______________________

C Im Alltag. Ergänzen Sie die Lücken.

service ▪ poste ▪ facteur ▪ aide ▪ assurance

1 Le ______________ vient d'apporter le courrier.

2 J'ai besoin de timbres. Je vais à la ______________.

3 Après la tempête, l'______________ nous a remboursé les réparations de notre maison.

4 Le ______________ de nettoyage de la ville vient nettoyer après les marchés.

5 J'ai besoin d'une ______________ informatique pour installer l'ordinateur.

D Dienstleistungen. Korrigieren Sie die Sätze.

1 Les personnes les plus pauvres ont besoin de notre facteur.
2 On m'a aidé une prime au travail.
3 L'ANPE est une communauté publique.
4 N'oublie pas d'accorder ta lettre avec un timbre.

E Und bei Ihnen? Beantworten Sie die Fragen.

1 Est-ce que vous faites partie d'une communauté ou d'une association? Laquelle?
Expliquez sa mission et votre rôle.
2 Quelle agence correspond à l'ANPE dans votre pays? Expliquez le fonctionnement.
3 Quels services publics, sociaux connaissez-vous? Que font-ils?

Verdächtige

Verbrechen

- Il y a longtemps, les navires *étaient attaqués* par les pirates.
- Quel *crime* a-t-il commis?
- Il est en *prison* car il *a assassiné* un homme.
- Robin des Bois *volait* les riches pour donner aux pauvres.
- Il *a frappé* sa *victime* à *coups* de couteau.
- La *police* doit *protéger* tous les citoyens.

Ermittlung

- Les commissaires et les inspecteurs travaillent dans la *police*.
- La *police* mène l'*enquête* pour retrouver les *voleurs*.
- La *police cherche* des informations sur ce *crime*.
- J'ai été *victime* d'un cambriolage la nuit dernière.
- Les *policiers ont poursuivi* les *voleurs* sans pouvoir les rattraper.
- Les douaniers *ont effectué* un *contrôle* des passagers du train.

Festnahme

- Le suspect *a* finalement *avoué* avoir *volé* la voiture.
- Les *voleurs* sont condamnés à quatre ans de *prison*.
- Les terroristes *ont exécuté* leurs otages.
- La *police* a réussi à libérer les otages sans utiliser la *force*.

A Straftaten. Füllen Sie das Kreuzworträtsel aus.

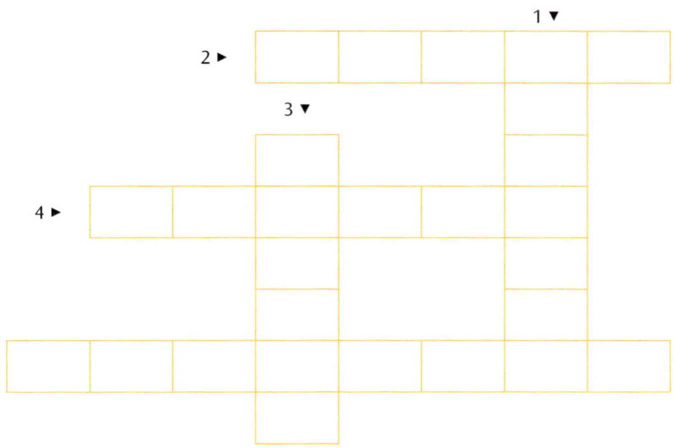

1 La police … les voleurs de ce tableau.
2 Les policiers ont dû employer la … pour maîtriser le voleur.
3 Pour appeler la …, faites le 17.
4 Le suspect a fini par … son crime.
5 un synonyme de «tuer»

B Assoziationen. Ordnen Sie zu.

1	assassiner	a	protéger
2	frapper	b	coup
3	police	c	tuer

C Staatssicherheit. Ergänzen Sie die Lücken.

contrôle ▪ effectuer ▪ voleur ▪ victime ▪ policiers ▪ attaquer

1 Enfin, le ________________ est en prison.
2 C'est la ________________ qui a appelé la police.
3 Autrefois, dans le Far West, les indiens ________________ les trains.
4 Avant de sortir de l'aéroport, il faut passer au ________________ des passeports.
5 Ce sont les ________________ qui assurent la sécurité du stade.
6 Les policiers ont dû ________________ plusieurs sorties cette nuit.

D Definitionen. Finden Sie die passenden Wörter.

1 l'endroit où on enferme les voleurs ________________
2 recherche d'informations par la police ________________
3 suivre en essayant d'attraper ________________
4 la personne qui vole ________________

E Und bei Ihnen? Beantworten Sie die Fragen.

1 Avez-vous déjà dû appeler la police? Pourquoi? Racontez.
2 Aimez-vous les histoires policières?
3 Racontez une histoire que vous aimez.

Gesicht und Körper

le visage

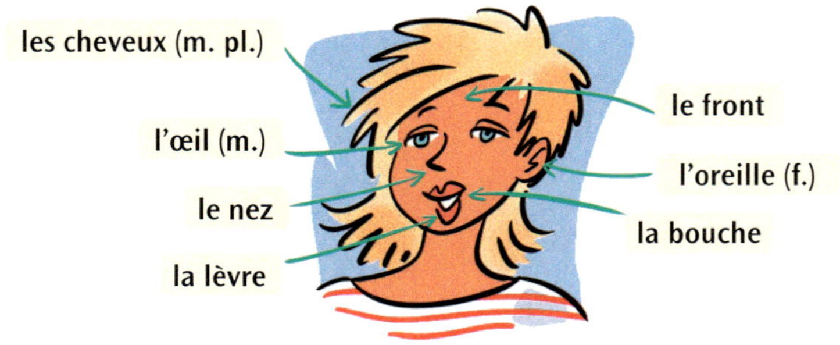

le corps

Organe

- Quand on fait du sport, notre *cœur* bat plus vite.
- Les enfants aiment faire des grimaces et tirer la *langue*.
- Quand on mange trop, on a mal à *l'estomac*.
- On doit protéger notre *peau* du soleil et du froid.
- La *voix* sert à produire des sons chez l'homme.

Hygiene

- On se lave les mains avec du *savon* et de l'eau chaude.
- J'ai toujours un *peigne* sur moi pour me recoiffer.
- Le dentiste contrôle et soigne les *dents*.
- Il faut nettoyer le *sang* de la blessure avec un désinfectant.

A Das Gesicht. Füllen Sie das Kreuzworträtsel aus.

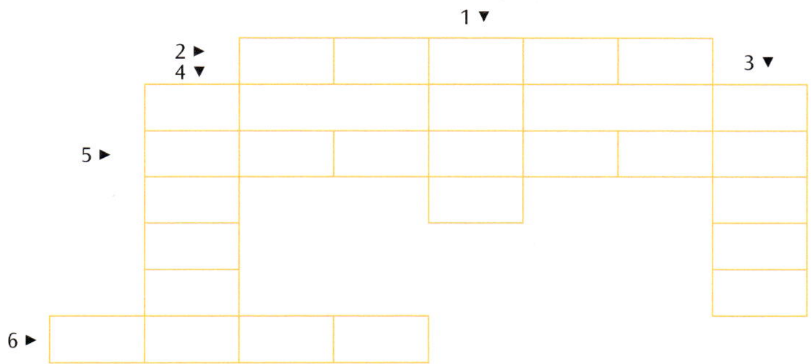

1 On s'en sert pour parler.
2 On s'en sert pour se laver.
3 On s'en sert pour croquer.
4 On s'en sert pour manger.
5 On s'en sert pour entendre.
6 On s'en sert pour voir.

B Der Körper: *intérieur* oder *extérieur*? Ordnen Sie zu.

main ▪ tête ▪ cœur ▪ lèvre ▪ estomac ▪ langue ▪ sang ▪ peau

intérieur	extérieur

C In Bewegung. Ergänzen Sie die Lücken.

tête ▪ dos ▪ cheveu ▪ genou ▪ pied ▪ jambe

1 «Aïe, fais attention, tu me marches sur les __________________.»

2 J'ai tellement marché aujourd'hui, j'ai très mal aux __________________.

3 Le ski est un sport dangereux pour les __________________.

4 N'oublie pas de mettre ton casque sur la __________________.

D Definitionen. Finden Sie die passenden Wörter.

1 Il se situe entre la main et l'épaule. ______________________________

2 On le trouve entre les yeux et les cheveux. ______________________________

3 Il fait partie des cinq doigts de la main. ______________________________

4 les bras et les jambes ______________________________

5 Il sert à démêler les cheveux. ______________________________

E Und bei Ihnen? Beantworten Sie die Fragen.

1 Décrivez votre visage!
2 Si vous étiez un artiste, quelle partie du corps préféreriez-vous dessiner? Pourquoi?

Symptome

- Je n'arrête pas de *tousser* depuis hier, j'ai pourtant pris du sirop.
- Il ressent une *douleur* à l'estomac après chaque repas.
- J'*ai mal* aux dents, je dois aller chez le dentiste.
- Cette femme *souffre* de problèmes respiratoires.
- Son état de santé paraît *normal*.

Krankheiten

- Le sida est une *maladie* encore difficile à guérir.
- Quand on *tousse* et que le nez coule, c'est qu'on a un *rhume*.
- Sa *faiblesse* l'empêche de se lever.
- Le stress l'a rendue *folle*.
- Il *souffre* d'une *maladie* chronique qu'il aura toute sa *vie*.

Gesundheit

- À l'hôpital, on soigne les *malades* et les blessés.
- Chez le médecin, les *patients* doivent attendre dans la salle d'attente.
- Le *patient se sent* de mieux en mieux et pourra bientôt rentrer chez lui.
- Mon mari est un gros *fumeur*, mais il essaie de réduire sa consommation de cigarettes.
- La *mort* de son père l'a beaucoup attristé.

Fit sein

- J'ai fait un bilan complet et le médecin me trouve en bonne *santé*.
- Maintenant, on peut *vivre* de plus en plus vieux.
- Sa grand-mère *est morte* à l'âge de 90 ans.
- Comment vous *portez*-vous aujourd'hui?
- Mon arrière-grand-père est encore *vivant*, il a 98 ans.

A Beim Arzt. Ordnen Sie zu.

souffrirez ▪ ai mal ▪ rhume ▪ tousse ▪ me sens

Docteur: Bonjour, monsieur. Qu'est-ce qui ne va pas?

Patient: Bonjour, docteur. Depuis quelques jours, je ________________ fatigué et je ________________ beaucoup.

Docteur: Est-ce que vous avez de la fièvre?

Patient: Non, mais j'________________ à la tête.

Docteur: Bon, je pense que c'est un simple ________________. Vous allez rester à la maison quelques jours et bientôt vous ne ________________ plus.

B Gemeinsamkeiten. Ersetzen Sie die unterstrichenen Wörter durch Synonyme.

1 Est-ce que vous <u>avez</u> beaucoup <u>mal</u>?
2 Jeanne est restée au lit pendant plusieurs jours avec la grippe, mais elle <u>se porte</u> mieux maintenant.
3 L'infirmière n'a pas encore vu tous les <u>malades</u>.
4 Le blessé était encore <u>en vie</u> quand les secours sont arrivés.

C Krankheit. Ergänzen Sie die Lücken.

vivre ▪ mourir ▪ douleurs ▪ faiblesse ▪ maladie

1 Les chercheurs ont découvert une nouvelle ________________.
2 On peut ________________ longtemps si on fait attention à sa santé.
3 Le chauffeur a failli ________________ dans l'accident de voiture.
4 Il a ressenti une ________________ dans les jambes et il est tombé.
5 Je souffre de ________________ à l'estomac.

D Verkehrte Welt. Korrigieren Sie die Sätze.

1 Contre la <u>santé</u>, il faut prendre du Paracétamol.
2 Cet homme a l'air tout à fait normal, il n'est pas <u>fumeur</u>.
3 Pendant toute ma <u>mort</u> j'ai souffert d'une maladie chronique.
4 Qu'est-ce qu'il faut prendre contre la <u>santé</u>?

E Und bei Ihnen? Beantworten Sie die Fragen.

1 Racontez votre dernière visite chez le médecin.
2 Pour vous, est-ce que la santé, c'est important? Pourquoi?
3 Qu'est-ce que vous faites pour rester en forme?
4 Avez-vous déjà été à l'hôpital pour vous ou un proche? Racontez.

Im Alltag

respirer

souffler

se *lever*

se *coucher*

Externe Einflüsse

- La *pression* est un état de forte tension physique ou psychologique qui affecte l'organisme.
- Certaines choses ou personnes peuvent avoir une *influence*, bonne ou mauvaise, sur notre vie, c'est-à-dire agir, jouer un rôle dans notre vie.
- L'*existence* est la vie et ce qu'on en fait.
- On *subit* certains aspects de notre vie plus ou moins facilement.

Wohlbefinden

- Pour vivre, on doit répondre aux *besoins* essentiels de notre organisme.
- Il faudrait *se coucher* tous les soirs à la même heure.
- Les enfants doivent *dormir* entre dix et douze heures par nuit.
- Ce matin, je *me suis réveillé* en retard, je n'ai pas entendu le réveil.

Gleichgewicht finden

- Il est important de trouver un *équilibre* entre sa vie professionnelle et sa vie privée.
- Tous les jours, on fait une *pause* pour le déjeuner entre midi et 13h30.
- Si tu es fatigué, tu devrais *te reposer* un peu.
- Pendant leur *croissance*, les enfants ont besoin de manger beaucoup de produits laitiers.
- La fatigue peut être *physique* mais aussi mentale.

A Im Leben. Finden Sie im Gitter fünf Wörter des Kapitels.

A	S	U	B	I	R	F	Q	T
F	B	E	S	O	B	E	O	R
I	N	F	L	U	E	N	C	E
S	E	E	V	I	S	D	R	S
Y	R	X	I	N	O	O	O	P
Q	F	S	T	R	I	S	I	I
U	G	R	A	N	N	D	I	R
E	P	H	Y	S	I	Q	U	E
E	Q	U	I	L	I	B	R	R

B Definitionen. Finden Sie die passenden Wörter.

1 C'est le contraire de «se réveiller»: __________________.

2 Le soir, on se couche et le matin, on __________________.

3 Pour éviter trop de pression, il faut trouver le bon ________________ entre travail et famille.

4 Ma mère a une grande __________________ sur ma vie.

C Begriffsbestimmungen. Ordnen Sie zu.

1 J'ai beaucoup trop de travail et je n'arrive pas à me reposer.
2 Jeanne fait maintenant 1m10. Tous ses vêtements sont trop petits.
3 Arrête-toi un peu pour te reposer.
4 Le sommeil est un besoin essentiel de l'homme.

a dormir
b pause
c croissance
d pression

D Alltägliches Geschehen. Ergänzen Sie die Lücken.

besoin ▪ souffler ▪ dort ▪ croissance

1 Chut! Le bébé __________________. Il ne faut pas le réveiller.

2 Généralement, on finit sa __________________ vers 16 ou 18 ans.

3 Pour lui, le café est devenu un __________________ essentiel.

4 Le médecin lui a demandé de __________________ dans l'appareil.

E Und bei Ihnen? Beantworten Sie die Fragen.

1 À quelle heure vous couchez-vous? Parlez de votre routine et de votre sommeil.
2 Selon vous, quels sont les besoins non vitaux mais quand même importants de l'homme?
3 Comment faites-vous pour gérer le stress dans votre vie?

Rund um die Medizin

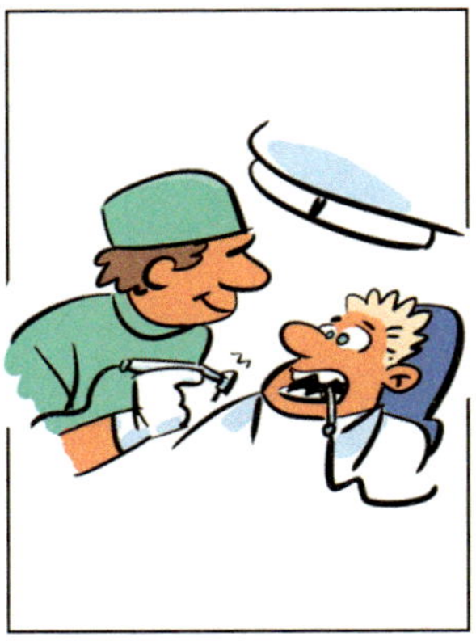

le *dentiste*

le *docteur* = le *médecin*

l'*infirmière* (f.)

l'*hôpital* (m.)

Artzbesuch

- Quand on est malade, on va voir le *médecin*. Le *docteur* nous *examine* et nous pose des questions.
- *L'examen* est très important pour que le *médecin* puisse savoir ce qu'on a.
- Si besoin, le *médecin* nous prescrira un *traitement* à suivre pour aller mieux.

Im Krankenhaus

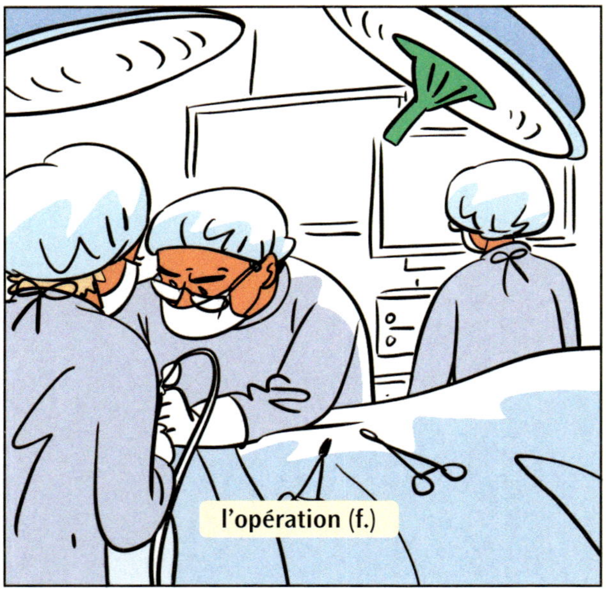

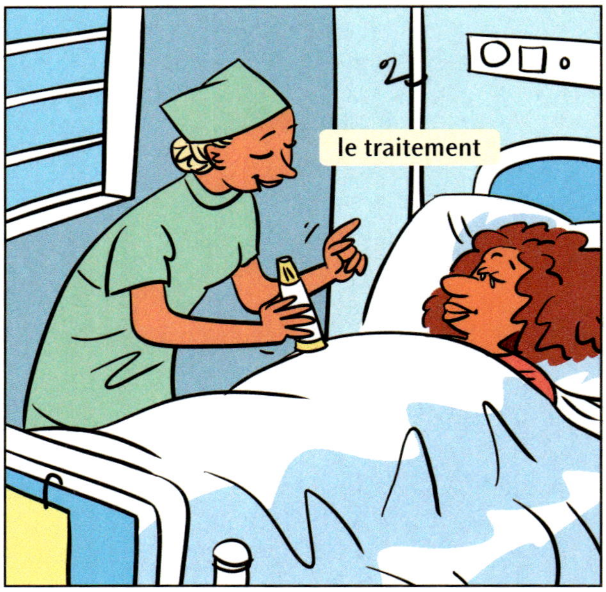

- Son *opération* du genou s'est bien déroulée, il pourra remarcher dans quelques jours.

Heilung

- De nos jours, les vaccins permettent de *sauver* des vies.
- L'*infirmière* vient lui faire des *soins* à domicile.
- Pour aller mieux, il faut *appliquer* ce gel sur la blessure.

A Assoziationen. Ordnen Sie zu.

1 traitement
2 docteur
3 examen
4 hôpital

a opération
b examiner
c soin
d médecin

B Ein Krankenhausbesuch. Ergänzen Sie die Lücken.

infirmiers ▪ docteur ▪ sauver ▪ opération

1 À l'hôpital, il y a des médecins et des ________________ .

2 Les pompiers ont pu ________________ toutes les personnes de l'immeuble en feu.

3 On s'adresse à un médecin en disant « ________________ ».

4 Son ________________ du cœur s'est bien passée.

C Definitionen. Finden Sie die passenden Wörter.

1 Celui qui est spécialisé dans les soins et la chirurgie des dents. ________________

2 Établissement où sont traités les malades. ________________

3 Personne qui est responsable de la surveillance des malades. ________________

D Die Arbeit im Krankenhaus. Finden Sie im Gitter neun Wörter des Kapitels.

D	E	N	T	I	S	T	E	O	N
T	O	A	H	U	O	N	X	P	O
R	T	C	I	S	I	A	A	E	L
A	U	N	T	C	N	G	M	R	M
I	N	O	P	E	F	T	E	A	U
T	R	J	I	M	U	O	N	T	S
E	U	G	B	I	M	R	L	I	A
M	E	D	E	C	I	N	M	O	U
E	T	H	I	K	V	A	J	N	V
N	M	G	A	F	U	S	F	E	E
T	B	E	X	A	M	I	N	E	R

E Und bei Ihnen? Beantworten Sie die Fragen.

1 Que pensez-vous des progrès de la médecine? Comment cela peut-il encore évoluer?
2 Avez-vous déjà été opéré/e? Expliquez.
3 Aimeriez-vous être médecin? Pourquoi?

Sehen

- J'ai croisé son *regard* dans la foule.
- De loin, on peut *apercevoir* notre maison sur la colline.
- J'adore m'asseoir à la terrasse d'un café et *observer* les gens dans la rue.
- Est-ce que tu *as remarqué* mon nouveau chapeau?
- Le patient est resté quelques jours en *observation* à l'hôpital.
- Avec ce brouillard, on ne *distingue* rien.

Hören

- Tu as entendu tout ce *bruit* dehors?
- Arrête de *crier*, tu me fais mal aux oreilles.
- Tu connais le *cri* du hibou?
- Cet enfant n'*écoute* rien de ce qu'on lui dit.
- Est-ce que tu peux monter le *son*? Je n'entends pas la musique.
- Tu parles trop *fort*, tu vas réveiller les enfants.

Sensorische Eigenschaften

- Ta valise est beaucoup plus *légère*. La mienne est vraiment *lourde*.
- La peau d'un bébé est très *douce*.
- Le pain est trop *dur*. On ne peut pas le manger.
- Mon nouveau portable est super *fin*.

les sens

Sinneswahrnehmung

- *Imagine* que tu es à Tahiti sur la plage en train de bronzer.
- Mon plus grand *rêve* serait de faire le tour du monde.
- Depuis qu'il est enfant, il *rêve* de devenir pilote d'avion.
- *Attention*, c'est fragile, il ne faut pas *toucher*.
- Votre *attention*, mesdames et messieurs, l'avion pour Paris va décoller dans quelques minutes.
- L'astronaute a donné ses premières *impressions* après le décollage.
- Julie *a* longuement *considéré* la question avant de répondre.
- Je n'*envisage* pas de déménager pour le moment.
- Quand l'eau gèle, elle devient *solide* et se transforme en glace.

A Die Sinne. Füllen Sie das Kreuzworträtsel aus.

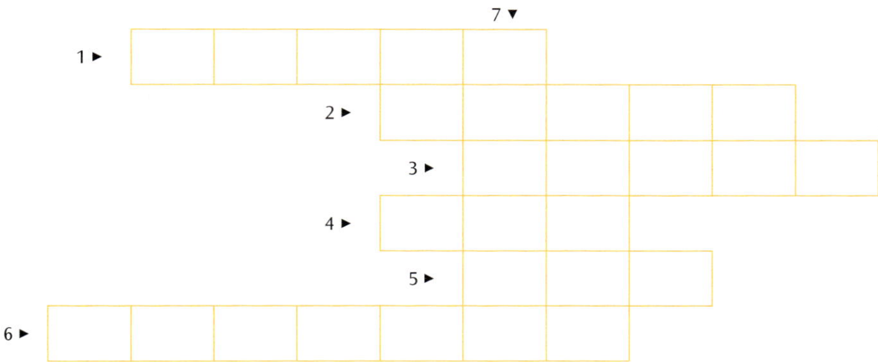

1 Le proverbe dit: «Tous les … sont dans la nature».
2 Tu peux m'aider, c'est très …
3 Mon vélo est en aluminium, il est très …
4 Les parfumeurs ont le nez …
5 Ce morceau de viande est trop cuit, il est trop …
6 Ce tissu est très doux au …
7 Est-ce que cette chaise est vraiment …?

B Der Albtraum. Ergänzen Sie die Lücken.

crié ▪ son ▪ aperçu ▪ bruit ▪ écouté ▪ rêve ▪ rêvé ▪ attention

La nuit dernière, j'ai fait un ________________ horrible. J'ai ________________ que je dormais et qu'un ________________ me réveillait. J'ai ________________ avec ________________. Tout à coup la porte de ma chambre s'est ouverte et j'ai ________________ une ombre. J'ai ________________ mais aucun ________________ ne sortait de ma bouche. C'est à ce moment que le réveil a sonné.

C Wortfelder. Welche Wörter passen nicht?

1 fort – son – bruit – cri
2 distinguer – cri – observer – remarquer
3 sens – bruit – toucher – goût – vue
4 imaginer – rêver – solide – observer

D Wortverwandschaften. Finden Sie die Substantive für folgende Verben.

1 rêver ________________
2 observer ________________
3 crier ________________

E Und bei Ihnen? Beantworten Sie die Fragen.

1 Quel type d'apprenant êtes-vous? Comment apprenez-vous?
2 Avez-vous des loisirs adaptés à vos sens? (poterie, cinéma, musique, etc.)
3 Quel sens considérez-vous le plus important?

Gefühle

le rire

la surprise

la joie

la peur

la peine

Psychisches Befinden

- Nous avons bon *espoir* de retrouver notre chien.
- Leur fils est difficile et leur cause beaucoup de *soucis*.
- Nous avons beaucoup d'*ennuis* avec nos voisins.
- Elle a la *volonté* de réussir.
- Vous avez *conscience* de vos responsabilités?
- Les professeurs ont remarqué son *intelligence* exceptionnelle.
- Pendant le cours, Paul était perdu dans ses *pensées*.

Emotionen

- Certaines personnes n'ont plus le *désir* de vivre.
- C'est toujours un *plaisir* de discuter avec vous.
- J'ai le *sentiment* qu'il ne m'aime pas.
- *Souriez* pour la photo!
- Je n'ai pas le *souvenir* d'être venu ici avant.
- Elle n'arrive pas à *oublier* cet homme.

Wie man sich fühlt

- Il est *malheureux* car son chat est mort.
- Cet échec est une *triste* nouvelle.
- Je serai très *heureux* de vous revoir.
- Il faut bien *réfléchir* avant de prendre une décision importante.
- L'enfant s'est blessé et *pleure* car il a mal.
- L'*inquiétude* de sa mère est maladive.

A Emotionen. Ordnen Sie zu.

souvenir ▪ inquiétude ▪ pleurer ▪ triste ▪ heureux

1 ______________ 2 ______________ 3 ______________ 4 ______________ 5 ______________

B *Peine* oder *joie*? Ordnen Sie zu.

triste ▪ le plaisir ▪ malheureux ▪ pleurer ▪ sourire ▪ le souci ▪ le rire

peine	joie

C Im Leben. Ergänzen Sie die Lücken.

sentiments ▪ espoir ▪ a oublié ▪ réfléchir

1 Je vais ________________ et je vous rapelle.

2 Il ne faut jamais perdre l'________________.

3 On dit que les animaux n'ont pas de ________________.

4 Julie n'est pas venue à la réunion, elle ________________.

D Gefühlszustände. Finden Sie im Gitter sechs Wörter des Kapitels.

A	V	O	L	O	N	T	E
D	E	S	E	S	S	P	I
S	O	N	S	I	O	E	N
E	S	U	N	R	U	U	S
N	O	I	U	U	R	R	E
S	U	R	P	R	I	S	E
A	C	A	P	L	R	O	S
L	P	E	I	N	E	N	E

E Und bei Ihnen? Beantworten Sie die Fragen.

1 Racontez un moment où vous avez vécu des expériences fortes. Qu'avez-vous ressenti?

2 Quelle est votre plus grande inquiétude? Et votre plus grande joie?

Bewegungsabläufe

Tätigkeiten

- Elle *a attrapé* son sac et est sortie en courant.
- *Enlève* tes chaussures avant de rentrer.
- *Pose* tes sacs par terre, ils sont lourds.
- Il *a soulevé* l'enfant et l'a installé dans la chaise.
- Pour entrer, il faut *tirer* la porte.
- N'*arrache* pas les pages de ce magazine.
- Est-ce que tu peux *relever* la chaise qui est tombée, s'il te plaît?
- René *a saisi* son téléphone pour appeler.

Elle *a écarté* les rideaux de la fenêtre pour regarder dehors.

Bewegungen

- *Tourne*-toi que je prenne une photo.
- *Asseyez*-vous, je vous en prie.
- Nous *avons pénétré* dans l'église par la porte principale.
- Le nageur a réussi à *atteindre* l'autre côté de la rive en quelques minutes.

Appuyez sur ce bouton pour ouvrir la porte.

Zustände

- En hiver, on *couvre* la piscine avec une bâche.
- Il m'*a serré* la main pour me dire bonjour.
- Il *a fait mal* à son frère en fermant la porte.
- *Retiens* ton chien, il va s'en aller.

A Antonyme. Finden Sie die Gegensätze.

1 tirer
2 tomber
3 écarter
4 arracher

a relever
b serrer
c poser
d pousser

B Pauls Missgeschick. Ergänzen Sie die Lücken.

fait mal ▪ glissé ▪ appuyer ▪ relever ▪ marcher ▪ tombé

Hier, Paul a ________________ en descendant du bus. Il est ________________ sur le trottoir.

Il s'est ________________ au pied. Un passant l'a aidé à se ________________.

Il ne pouvait plus ________________ son pied par terre, et ne pouvait plus ________________.

Il a appelé un taxi pour aller à l'hôpital.

C Bewegungsabläufe. Finden Sie im Gitter acht Wörter des Kapitels.

F	A	G	T	P	N	U	D
A	S	S	E	O	I	R	A
I	T	V	N	S	P	I	M
R	U	T	L	E	F	F	A
E	S	E	R	R	E	R	R
M	H	O	T	A	J	A	C
A	A	R	F	L	P	S	H
L	Z	I	F	C	B	E	E
V	E	N	L	E	V	E	R
L	B	T	I	R	E	R	Z

D Zustände und Konsequenzen. Ergänzen Sie die Lücken.

pénétrer ▪ s'asseoir ▪ couvrez ▪ saisi ▪ tourne

1 Le bus est plein, on ne peut pas ________________.

2 Il fait froid, ________________ vos oreilles.

3 ________________-toi pendant que je me cache.

4 Son ami l'a ________________ par le bras pour l'emmener.

5 Des voleurs ont réussi à ________________ dans le musée.

E Und bei Ihnen? Beantworten Sie die Fragen.

1 Quelles sont vos actions physiques quotidiennes?
2 Est-ce que vous bougez beaucoup?
3 À votre avis, comment est-ce qu'on peut tomber?

Schulzeit

- De 6 à 16 ans, les enfants doivent aller à l'*école*.
- Après l'*école* primaire, les enfants vont au *collège* pour quatre ans.
- Il y a en France des *établissements* publics et des *établissements* privés.
- L'année *scolaire* est divisée en trimestres.
- Vincent a suivi une *formation* pour devenir infographiste.

In der Klasse

Unterrichten

- *Maître* ou maîtresse est un autre mot pour instituteur ou institutrice.
- Combien y a-t-il d'*élèves* dans ta *classe*?
- Les *élèves* sont des *camarades* de *classe*.
- Leur institutrice *enseigne* très bien les mathématiques.
- Le *surveillant* a demandé aux *élèves* de rentrer en *classe*.
- Chaque exercice a un *modèle* pour aider les *élèves*.
- Le professeur a demandé de *souligner* les verbes dans ce texte.

Schultag

- En début d'année, les *élèves* reçoivent leur *emploi du temps*.
- Certains enseignants donnent beaucoup de *devoirs* à faire à la maison.
- L'anglais, le français et les mathématiques sont des *matières* obligatoires.
- Cet *élève* n'a pas une écriture très *appliquée*.
- Les enfants doivent être *capables* de réciter un poème.
- J'ai *mal* compris l'exercice.
- Beaucoup d'*élèves* *ignorent* la géographie.

A Situationen. Schreiben Sie Sätze mit den vorgegebenen Wörtern.

1 école: ______________________________

2 scolaire: ______________________________

3 établissement: ______________________________

4 modèle: ______________________________

B Julies Schulalltag. Ergänzen Sie die Lücken.

matière ▪ collège ▪ capable ▪ élève ▪ emploi du temps ▪ camarades ▪ appliquée

Cette année, Julie entre au ______________. Elle a déjà reçu son ______________ et sait qu'elle a un cours de mathématiques le lundi. Les mathématiques, c'est sa ______________ préférée. Julie est une bonne ______________, elle est toujours très ______________ dans son travail et elle est ______________ de comprendre rapidement. Les professeurs et ses ______________ de classe l'apprécient beaucoup.

C Definitionen. Finden Sie die passenden Wörter.

1 Les élèves s'en servent pour noter les explications du professeur. ______________

2 Le maître s'en sert pour noter les explications pour les élèves. ______________

3 C'est un établissement où vont les élèves de 11 à 14 ans. ______________

4 C'est celui qui apprend à lire aux enfants à l'école. ______________

5 Celui qui surveille les élèves dans la cour. ______________

6 L'anglais, le français et les mathématiques sont des … ______________

D Verkehrte Welt. Korrigieren Sie die Sätze.

1 J'ai oublié mon <u>emploi du temps</u> pour écrire. Tu peux me prêter le tien?
2 Hier soir, je n'ai pas fait <u>ma formation</u> pour aujourd'hui.
3 Les enfants de 13 ans peuvent aller au <u>lycée</u>.
4 Il y a beaucoup d'élèves dans <u>le tableau</u>.
5 Le professeur a demandé de travailler en <u>modèles</u> de quatre.

E Und bei Ihnen? Beantworten Sie die Fragen.

1 Est-ce que vous vous souvenez de votre cursus scolaire? Racontez un souvenir d'école.
2 Étiez-vous un/e élève appliqué/e ou travailliez-vous mal?
3 Quelles étaient vos matières préférées?
4 Dans quel établissement êtes-vous allé/e?

Unterricht

Aujourd'hui, j'ai six heures de *cours*. Je commence par un *cours* de littérature française, c'est la *discipline* que je préfère. Le professeur nous a demandé de *définir* le romantisme. Pour moi, c'est un progrès *historique* de la littérature. *J'apprends* beaucoup sur la littérature du XIXe siècle. Je trouve que l'*enseignement* de la littérature est très important pour la culture générale.

Anwesendheit

A l'école, la *présence* des élèves au *cours* est obligatoire. Le professeur note les *absences* des élèves dans le carnet. Ensuite, le *cours* peut commencer. Quand les élèves ont une question, ils doivent *lever* la main. Ils *recopient* les explications du tableau dans leur cahier.

Mathematik

- Apprendre à lire et à *compter* sont les bases de l'*enseignement*.
- Il aime beaucoup les *mathématiques*, il voudrait être ingénieur.
- Je ne sais pas faire ce *calcul* de tête.
- 2 *multiplié* par 3, ça fait 6.
- L'*opération* est un *calcul* à faire pour trouver un résultat.
- La *division* est une *opération* de *mathématiques*.

Schultag

- Le professeur a donné deux *exercices* de *mathématiques* à faire pour demain.
- Il y avait neuf *fautes* d'orthographe dans sa dictée.
- L'élève a récité la poésie sans faire d'*erreurs*.
- Donnez un *exemple* de verbe irrégulier.
- On cherche la *définition* d'un mot dans le dictionnaire.

A Im Unterricht. Finden Sie im Gitter sechs Wörter des Kapitels.

D	D	S	D	E	H	U
L	E	V	E	R	I	R
D	F	X	F	N	S	E
E	I	E	I	O	T	C
C	N	F	N	R	O	O
D	I	F	I	M	R	P
T	T	I	R	N	I	I
C	I	U	R	S	Q	E
C	O	U	R	S	U	R
R	N	E	V	E	E	O

B In der Schule. Ergänzen Sie die Lücken.

exercice ▪ absence ▪ exemples ▪ présence

1 Tous les matins, le prof contrôle la ________________ des élèves.

2 L'________________ des élèves doit être justifiée.

3 Je n'ai pas réussi l'________________ de maths.

4 Il faut justifier votre réponse par des ________________ concrets.

C Definitionen. Finden Sie die passenden Wörter.

1 Si on les maîtrise, c'est qu'on sait compter. ________________

2 C'est la façon d'enseigner. ________________

3 2 : 3, c'est … ________________

4 4 x 7, c'est … ________________

D Situationen. Schreiben Sie Sätze mit den vorgegebenen Wörtern.

1 cours: ________________________________

2 faute: ________________________________

3 absence: ________________________________

4 calculs: ________________________________

E Und bei Ihnen? Beantworten Sie die Fragen.

1 Dans quelle discipline êtiez-vous le/la meilleur/e?
2 Aimez-vous les mathématiques?
3 Pourquoi apprenez-vous le français?

Universität

- Une *université* est composée d'un ensemble de *facultés*.

An der Uni

- Ce *professeur* a une nouvelle *méthode* pour enseigner la *philosophie*.
- Malheureusement, je n'ai aucune *notion* de russe.
- Les *étudiants* doivent faire *l'analyse* du texte.
- En *philosophie*, on nous enseigne les *théories* de Platon et Socrate.

Studium

- Après le lycée, Esther a décidé *d'étudier* l'économie à l'*université*. Après cinq années d'*études*, elle a obtenu un master.

Rund um das Studium

- Il n'y a pas de *concours* pour entrer à *l'université*, il faut avoir le bac et être motivé.
- Parallèlement à l'*université*, il y a de nombreux *instituts* privés qui délivrent des diplômes reconnus.
- Beaucoup considèrent que l'enseignement à l'*université*, c'est de la *théorie*.
- C'est en travaillant qu'on peut mettre ses idées en *pratique*.

A Definitionen. Finden Sie die passenden Wörter.

1 C'est le contraire de «la pratique». ____________________

2 connaissance élémentaire de quelque chose ____________________

3 l'étude d'un problème ou d'une chose pour le comprendre ____________________

4 celui qui enseigne ____________________

5 celui qui étudie ____________________

B Das Studium. Ergänzen Sie die Lücken.

concours ▪ méthodes ▪ institut ▪ études ▪ universités

1 Harvard et Berkeley sont des ____________________ américaines prestigieuses.

2 Éric fait des ____________________ de médecine.

3 Chaque professeur a des ____________________ différentes.

4 Pour être fonctionnaire, il faut passer un ____________________.

5 Jean prend des cours d'italien dans un ____________________ de langues.

C An der Universität. Finden Sie im Gitter sieben Wörter des Kapitels.

P	F	A	C	U	L	T	E	I	O
C	R	R	T	Z	U	A	M	L	P
O	S	O	A	F	G	N	N	J	O
N	R	T	F	N	M	A	F	C	U
C	F	G	J	E	J	L	M	U	Z
O	B	N	H	J	S	Y	B	V	C
U	N	I	V	E	R	S	I	T	E
R	A	D	S	F	G	E	E	A	S
S	N	O	T	I	O	N	Z	U	R
C	E	T	U	D	I	A	N	T	R

D Verkehrte Welt. Korrigieren Sie die Sätze.

1 Sophie a passé <u>l'étude</u> pour devenir infirmière.
2 La <u>faculté</u> est une matière à l'université.
3 C'est une grande université, il y a 20 000 <u>professeurs</u>.
4 Je n'ai pas assez <u>d'analyses</u> de français pour lire ce texte.

E Und bei Ihnen? Beantworten Sie die Fragen.

1 Est-ce que vous avez fait des études? Si oui, lesquelles?
2 Si non, qu'est-ce que vous auriez aimé étudier?
3 Avez-vous passé des concours dans votre vie? Racontez.

Prüfungen

- Les *contrôles* tout au long de l'année comptent pour l'examen.
- L'examen se compose de plusieurs *épreuves*: français, mathématiques, langues, etc.
- Au contrôle de mathématiques, nous avons eu deux problèmes à *résoudre*.
- Il faut trouver la *solution* à cette équation.
- Les professeurs *ont noté* les travaux des étudiants.

Bestanden oder nicht?

- Il faut attendre les *résultats* du concours pour s'inscrire dans les écoles.
- Pour *réussir*, il faut travailler durement.
- Karine a eu une *excellente* note à ses examens.
- Tu n'as droit qu'à une seule *fausse* réponse.
- On n'a droit qu'à deux *essais* pour réussir le concours.

Niveaus

- Son *niveau* de français n'est pas suffisant pour suivre les cours.
- Le *niveau moyen* de la classe est plutôt bon.
- Ce problème est très *complexe* et nécessite beaucoup de temps.
- Marie a eu son examen sans *difficulté*.
- La *solution* à ce problème est très *simple*.

Rund um Prüfungen

- Le professeur *a interrogé* le candidat sur divers sujets.
- Cette réunion est importante, il doit en *résulter* une *solution*.
- À l'examen de littérature française, Rachel est tombée sur un auteur qui lui était *inconnu*.
- Victor a choisi un sujet *difficile* pour son mémoire.
- La réponse à cette question est très *facile*.

A Prüfungen absolvieren. Füllen Sie das Kreuzworträtsel aus.

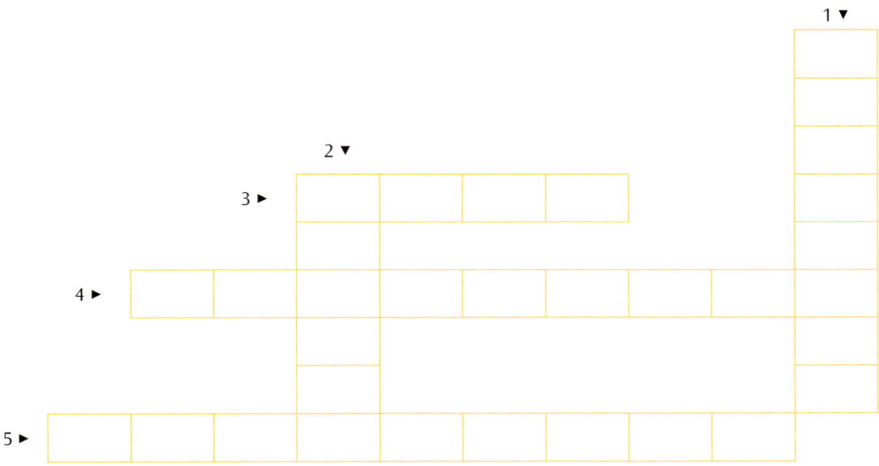

1 Patrice a eu un très bon ... à son examen.
2 Ce qui n'est pas difficile.
3 Ce qui n'est pas vrai ou pas juste.
4 Ce qui est très bien.
5 Le professeur ... les élèves sur la leçon.

B Wortfelder. Welche Wörter passen nicht?

1 interroger – complexe – difficile
2 résoudre – réussir – essai
3 solution – inconnu – résulter

C *Épreuve* oder *niveau*? Ordnen Sie zu.

moyen ▪ contrôle ▪ réussir ▪ simple ▪ noter

épreuve	niveau

D An der Uni. Ergänzen Sie die Lücken.

difficultés ▪ résoudre ▪ simple ▪ difficiles

1 Le professeur donne toujours des exercices trop ________________. Je n'y arrive jamais.
2 Certains étudiants ont des ________________ à financer leurs études.
3 Cet exercice n'est pas facile à ________________.
4 C'est ________________, tu dois seulement répondre à la question.

E Und bei Ihnen? Beantworten Sie die Fragen.

1 Quel/s examen/s avez-vous déjà passé/s? Avez-vous réussi?
2 Racontez une épreuve que vous avez passée.
3 D'après vous, est-ce important de faire des études?

Berufe

Voici quelques professions

In der Firma

- Le *directeur* ou la *directrice*, c'est l'homme ou la femme qui dirige une entreprise ou un établissement.
- Tous les employés d'une entreprise font partie du *personnel*.
- L'entreprise recherche un *spécialiste* en commerce international.
- Nous avons eu la visite d'un *représentant* de produits de beauté.

Berufsbezeichnungen

- Il a fait des études pour devenir *ingénieur* agronome.
- Il a été *ouvrier* chez Renault pendant 20 ans.
- Ce syndicat représente les *travailleurs* du bâtiment.
- Les *savants* ont permis de grands progrès scientifiques.

Beim Militär

- Il est devenu *capitaine* de navire à l'âge de 28 ans.
- Le *commandant* de l'avion a donné ses instructions à l'équipage.
- Les *généraux* commandent les armées.
- Le *président* de la république française est le chef des armées françaises.

A Rätsel. Welche Berufe haben die folgenden Personen?

1 Je fabrique et je vends du pain. Je suis __________________.

2 Je prépare les repas dans un restaurant. Je suis __________________.

3 Je vends de la viande dans mon magasin. Je suis __________________.

4 Je voyage dans l'espace et sur la lune. Je suis __________________.

B Wortfelder. Welche Wörter passen nicht?

1 ouvrier – directeur – travailleur
2 capitaine – savant – général
3 boucher – boulanger – agriculteur
4 secrétaire – astronaute – directeur

C Die Arbeitswelt. Ordnen Sie den Illustrationen die Berufe zu.

secrétaire ▪ boulanger ▪ cuisinier ▪ agriculteur ▪ pilote

1 __________________ 2 __________________ 3 __________________ 4 __________________ 5 __________________

D Verkehrte Welt. Korrigieren Sie die Sätze.

1 J'ai rendez-vous avec le boucher de l'entreprise.
2 C'est un cuisinier célèbre qui a voyagé sur la lune.
3 Les élections pour le capitaine ont lieu ce dimanche.
4 C'est le représentant qui commande les troupes.
5 Nous avons besoin d'un savant de la finance pour ce projet.

E Und bei Ihnen? Beantworten Sie die Fragen.

1 Quel est votre métier? Expliquez.
2 Est-ce que vos collègues sont sympathiques?
3 Quel est le métier de vos rêves?
4 À votre avis, quels sont les métiers les plus recherchés?

Karriere

François rêvait de devenir patron d'une grande entreprise. Il a commencé sa *carrière* comme employé dans un bureau. Puis, très vite, son *chef* lui a donné de nouvelles *responsabilités*.
Il est ensuite devenu à son tour *chef* de service. Après plusieurs années *d'expérience*, où il a *développé* son savoir-faire et *contribué* à l'expansion de son entreprise, il a réussi à la *spécialiser* dans un secteur en pleine croissance. Il est ensuite devenu *chef* de l'entreprise. Il avait enfin *accompli* son rêve.

Tätigkeiten

- Qui *se charge* du dossier commercial des nouveaux produits?
- Il *dirige* une entreprise de 80 salariés.
- Nous *avons entrepris* des travaux de rénovation dans les bureaux.
- Les infirmiers *exercent* un métier difficile.
- Richard *occupe* un poste important dans cette entreprise.
- Il *travaille* 35h par semaine.

Aufgaben

- Son *chef* lui donne une liste des *tâches* à effectuer pour la journée.
- Pour être *efficace*, il faut être organisé.
- La ville a le *projet* de construire un nouvel aéroport.
- Avez-vous lu ce *rapport* sur la croissance économique française?
- Le *chef* nous a laissé des *instructions* pendant ses vacances.
- Ce candidat ne remplit pas les *exigences* demandées pour ce poste.

Rund um den Beruf

- Monsieur Leblanc exerce de nouvelles *fonctions* dans l'entreprise.
- La *réunion* du personnel a lieu le mardi matin.
- Ce professeur est spécialiste de la *recherche* sur les maladies rares.
- La *recherche scientifique* a fait d'énormes progrès au XXe siècle.

- Notre directeur donne des *conférences* sur l'économie mondiale.

A Auf Arbeit. Finden Sie im Gitter neun Wörter des Kapitels.

G	A	V	O	C	A	P	R	O	J	E	T
A	C	S	O	O	R	O	J	E	G	R	R
S	C	I	E	N	T	I	F	I	Q	U	E
D	O	M	O	T	A	C	H	E	C	E	U
I	M	M	P	R	G	T	I	F	H	N	N
S	P	E	C	I	A	L	I	S	E	R	I
I	L	P	E	B	A	T	I	F	F	I	O
L	I	E	T	U	D	A	R	D	N	O	N
R	R	C	N	E	X	I	G	E	N	C	E
A	C	C	T	R	A	V	A	I	R	E	R

B Assoziationen. Ordnen Sie zu.

1 diriger
2 entreprendre
3 se charger
4 occuper

a d'un projet
b un poste
c des travaux
d une entreprise

C Berufliche Situationen. Ergänzen Sie die Lücken.

efficace ▪ travaille ▪ conférence ▪ exercent ▪ carrière

1 Dans quelle salle a lieu la ____________ sur la mondialisation?

2 Je ne ____________ pas le vendredi.

3 Les pompiers ____________ un métier difficile.

4 Il a débuté sa ____________ comme vendeur de glaces.

5 Ce séminaire sur la gestion du temps a été très ____________.

D Verkehrte Welt. Korrigieren Sie die Sätze.

1 Les <u>responsabilités</u> pour cette tâche sont claires.
2 Est-ce que je pourrais parler à votre <u>projet</u>, s'il vous plaît?
3 Je n'ai pas encore lu <u>la réunion</u> sur ce sujet.
4 Nous avons besoin de <u>l'exigence</u> des savants pour progresser.

E Und bei Ihnen? Beantworten Sie die Fragen.

1 Quelle est votre fonction au travail? Quelles sont vos responsabilités?
2 Parlez de votre expérience professionnelle.
3 Avez-vous de l'ambition? Quels sont vos projets? Expliquez.

Arbeitsplatz

- Les employés de cette banque ont chacun leur *bureau*.
- Dumont & Co. est une *entreprise* de construction.
- Les ouvriers arrivent à *l'usine* à 7h00.
- Mon frère est biologiste, il travaille dans un grand *laboratoire*.

Arbeitsbedingungen

- Pendant l'entretien, le directeur a parlé des *conditions* de travail.
- Dans quel *domaine* travaillez-vous?
- Quel est votre parcours *professionnel*?
- Monsieur Bouvet est mon *supérieur* hiérarchique.
- En tant qu'employé, vous avez certains droits et certaines *obligations*.

Arbeitslosigkeit

- Le taux de *chômage* reste stable en France, autour de 8 %.
- Les *chômeurs* de longue durée doivent suivre une formation.
- Dans cette branche, il n'y a aucune *perspective* d'emploi.
- Il a fini ses études et cherche du *travail*.

Angestellte

- Cette firme *emploie* plus de 4.000 personnes dans le monde.
- Elle a retrouvé un *emploi* comme assistante commerciale.
- Cette agence *a engagé* trois nouveaux collaborateurs.
- Cette *entreprise* compte seulement 14 *employés*.
- Richard travaille en *collaboration* avec d'autres architectes.

A Die Arbeitswelt. Füllen Sie das Kreuzworträtsel aus.

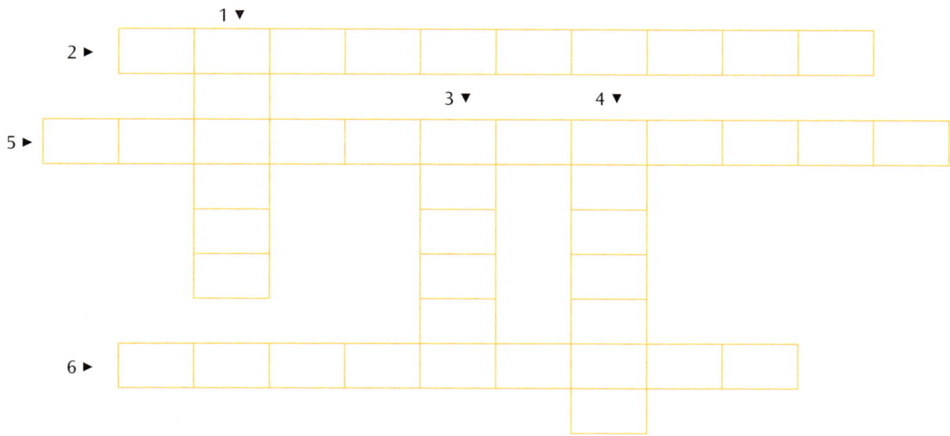

1 Je partage un … avec deux collègues.
2 Vous pouvez assister à la réunion, mais ce n'est pas une ….
3 Après la fermeture de l'usine, André s'est retrouvé sans ….
4 Sacha veut changer de ….
5 Quelles sont les … d'avancement dans cette entreprise?
6 Savoir parler français est une … exigée pour ce poste.

B In der Firma. Ergänzen Sie die Lücken.

professionnelles ▪ emploi ▪ entreprise ▪ bureau

1 Non, le directeur n'est pas dans son ________________ aujourd'hui.
2 Sylvie n'a pas retrouvé d'________________ après sa démission.
3 Cette ________________ fabrique des pièces pour les voitures.
4 Quelles sont vos expériences ________________?

C Assoziationen. Verbinden Sie die Wörter.

1	engager	a	chômage
2	chômeur	b	travail
3	emploi	c	employer

D Wortfelder. Welche Wörter passen nicht?

1 collaboration – condition – travail
2 chômeur – chômage – domaine
3 laboratoire – supérieur – employé

E Und bei Ihnen? Beantworten Sie die Fragen.

1 Où travaillez-vous? Êtes-vous employé/e?
2 Quelles sont vos conditions de travail? Racontez.
3 Avez-vous déjà été au chômage? Expliquez.

Sprechen

- Le journaliste n'a pas voulu *citer* ses sources.
- Il *a conclu* son discours sur une note optimiste.
- Elle n'*a* pas *introduit* son sujet assez clairement.
- Marc n'*a* pas *précisé* l'heure du rendez-vous.
- J'ai besoin de *précisions* sur le lieu de rendez-vous.
- Il ne faut pas *prononcer* la lettre *h* en français.
- Vous pourriez *répéter* plus lentement, s'il vous plaît?

Satz und Satzelemente

- Faites des *phrases* complètes dans vos lettres.
- Je ne me souviens pas des *termes* exacts qu'il a employés.
- Avez-vous tiré les *conclusions* de vos erreurs?
- Dans une *phrase*, on emploie des *articles* devant un nom.

N'oubliez pas la *formule* de politesse à la fin de la lettre.

Rund um die Sprache

- Pouvez-vous me donner la *traduction* anglaise de ce mot?
- Comment *traduit*-on «gemütlich» en français?
- Le professeur a lu un poème *écrit* au 15e siècle.
- Je suis arrivé au rendez-vous à l'heure *précise*.
- J'ai *certes* beaucoup d'amis, mais aucun comme lui.

Sprachen und Bedeutungen

- Les bébés ont leur propre *langage*.
- Quelles *langues* parlez-vous?
- Ma mère est française, le français est ma *langue maternelle*.

A Sprachen. Füllen Sie das Kreuzworträtsel aus.

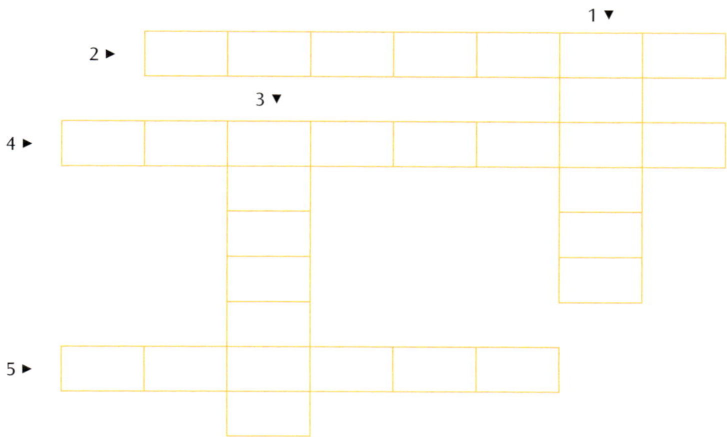

1 L'alsacien est une … régionale.
2 Il m'a répondu par une … compliquée.
3 On met un point à la fin des …
4 Les perroquets … ce qu'on dit.
5 On se retrouve dans un endroit …

B Sprachbeherrschung. Ordnen Sie zu.

1 Il apprend le _______________ informatique pour devenir informaticien.
2 Les _______________ dans ce roman sont très longues.
3 Dans votre dissertation, il faut _______________ des auteurs.
4 Devant le mot «maison», on met l'_______________ féminin.
5 Joseph a _______________ des défauts mais aussi des qualités.

a citer
b article
c langage
d certes
e phrases

C Wortverwandtschaften. Finden Sie die Verben zu folgenden Substantiven.

1 conclusion _______________
2 précision _______________
3 traduction _______________

D Verkehrte Welt. Korrigieren Sie die Sätze.

1 Je ne sais pas comment <u>préciser</u> ce mot en français.
2 Elle parle deux autres langues en plus de <u>son langage</u>.
3 Je comprends mieux le français <u>précis</u> que le français oral.
4 Au bout de 20 minutes, Oliver a <u>introduit</u> son exposé par une discussion.

E Und bei Ihnen? Beantworten Sie die Fragen.

1 Quelle est votre langue maternelle?
2 Quelles autres langues parlez-vous?

Sich verstehen

- Mon ami et moi, nous ne sommes jamais d'*accord* sur les films à voir au cinéma.
- J'*admets* que je me suis trompé.
- Est-ce que vous pourriez nous *confirmer* votre heure d'arrivée?
- Ma sœur n'a pas suivi mes *conseils*.
- Il faut *arrêter* de se disputer.

Kommunikation

- Le président a envoyé un *message* de félicitations à son ministre.
- L'hôtel n'a pas encore répondu à notre *demande* de réservation.
- Ce restaurant *propose* des formules repas à 15€.
- Richard *a exprimé* son mécontentement auprès de son chef.
- Il lui *a déclaré* son amour.
- On demande aux enfants de manger en *silence*.
- Tu m'*écriras* pendant les vacances?

Erklärungen

- Tu peux m'*expliquer* comment aller chez toi?
- La rentrée des classes *signifie* la fin de l'été pour beaucoup de gens.
- La police nous *a signalé* un accident sur la route.
- Je te *souhaites* un très bon anniversaire.
- Il m'*a affirmé* avoir gagné au loto.
- Le directeur *a ajouté* une précision à l'explication de son assistant.

expliquer

souhaiter

affirmer

Worte und Zeichen

- Il m'a fait *signe* de m'approcher.
- La signification des *gestes* est le plus souvent culturelle. C'est pourquoi je n'ai pas compris ce qu'il voulait dire.
- Merci de poser vos *questions* par écrit.
- Je n'ai toujours pas reçu de *réponse* de sa part.
- Il n'aime pas prendre la *parole* en public.
- Comment traduit-on le *mot* «voyage» en allemand?
- Certaines *expressions* idiomatiques sont difficiles à traduire.

A Miteinander kommunizieren. Finden Sie im Gitter neun Wörter des Kapitels.

D	E	C	S	I	G	N	A	L	E	R
E	X	P	L	I	Q	U	E	R	F	G
M	P	R	O	P	G	S	R	E	A	L
A	R	O	R	L	O	N	O	P	U	S
N	E	P	G	E	S	T	E	O	R	F
D	S	I	P	A	R	O	L	E	G	H
E	S	S	O	U	H	A	I	T	E	R
S	I	G	N	I	F	I	E	R	J	U
P	O	G	N	A	L	E	R	E	L	S
T	N	A	J	O	U	T	E	R	S	P

B Eine Nachricht. Ergänzen Sie die Lücken.

proposait ▪ message ▪ réponse ▪ souhaitais ▪ confirmer ▪ accord

Hier, j'ai reçu un ________________ électronique de mon ami Oscar. Il me ________________ d'aller au cinéma avec lui le soir même. C'était une bonne idée, mais le plus difficile a été de se mettre d'________________ sur le film. Dans ma ________________, j'ai écrit que je ________________ voir une comédie et lui préférait voir un film policier. Finalement, j'ai suggéré de voir le dernier film de Woody Allen. Il restait à ________________ le lieu et l'heure du rendez-vous avant de terminer «cette conversation électronique».

C Begriffsbestimmungen. Ordnen Sie zu.

1 Il sert à former des phrases.
2 On en pose une quand on demande quelque chose.
3 un synonyme de «affirmer».
4 C'est faire un signe.
5 un synonyme de «geste».
6 Quand il n'y a pas un bruit, pas une parole.

a signe
b silence
c signaler
d mot
e confirmer
f question

D Und bei Ihnen? Beantworten Sie die Fragen.

1 De quelle façon communiquez-vous? Par quels moyens?
2 Êtes-vous le plus souvent d'accord avec votre famille, vos amis?
3 Comment exprimez-vous votre désaccord?

Sprechweisen

- Le professeur *exige* le silence en classe.
- La famille de Mathieu *a insisté* pour que le mariage se passe en France.
- Le vendeur nous *démontre* la facilité d'usage de cet appareil.
- Cette personne *prétend* avoir rendez-vous avec le président.
- Les élèves doivent *justifier* leurs absences.

Kommunizieren

- Le médecin nous *a suggéré* d'aller voir un spécialiste.
- Quel restaurant nous *recommandez*-vous pour ce soir?
- Les personnes peuvent *soumettre* leurs questions par mail.
- Comment *avez*-vous *nommé* votre chat?
- Paul et Nicole *ont annoncé* leur mariage.

Sprechhandlungen

- Il a fait des *déclarations* tellement absurdes que personne ne l'écoute plus.
- Tu as vu le *débat* télévisé entre les deux candidats?
- Veuillez accepter mes *excuses* pour mon retard.
- Le chef a tenu des *propos* assez sévères sur ses employés.
- J'ai reçu un *appel* téléphonique de Myriam.

Sprechen

- On *raconte* que le monstre du Loch Ness existe vraiment.
- Les enfants *réclament* des glaces pour le dessert.
- Ce philosophe *expose* ses idées dans un petit livre.
- Mon grand-père *évoque* toujours sa jeunesse.
- Nous n'*avons* pas encore *déterminé* le nombre d'invités.

A Sprechakte. Füllen Sie das Kreuzworträtsel aus.

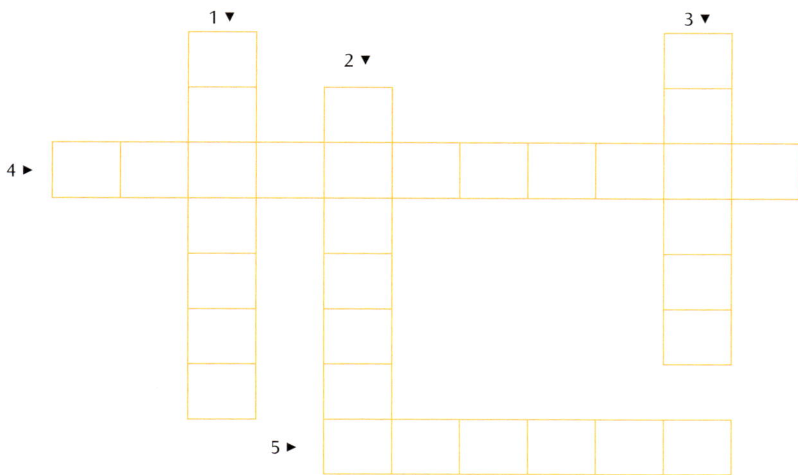

1 Le chef n'a pas voulu entendre les … de son employé pour son retard.
2 Les enfants aiment qu'on leur … des histoires avant de s'endormir.
3 Il est condamné pour ses … racistes.
4 As-tu entendu la … du président sur la situation économique?
5 Le gardien nous a laissé entrer dans la salle sans … de ticket.

B Definitionen. Finden Sie die passenden Wörter.

1	donner une raison	a	justifier
2	donner un nom	b	annoncer
3	donner un conseil	c	nommer
4	faire une démonstration	d	recommander
5	faire une annonce	e	démontrer

C Assoziationen. Ordnen Sie zu.

1	réclamer	a	une question
2	exposer	b	une idée
3	déterminer	c	une raison
4	soumettre	d	une augmentation

D Situationen. Ergänzen Sie die Lücken.

suggère ▪ débat ▪ appel ▪ évoque ▪ prétend ▪ insister

1 Le médecin lui ____________________ de faire du sport pour perdre du poids.

2 Qu'est-ce que ce parfum ____________________ pour vous?

3 Avez-vous entendu l'____________________ au secours?

4 Jean ____________________ qu'il a vu un extra-terrestre.

5 Avez-vous vu le ____________________ entre les deux candidats?

6 Ce n'est pas la peine d'____________________, je ne viendrai pas.

E Und bei Ihnen? Beantworten Sie die Fragen.

1 Que pensez-vous des débats politiques à la télé? Les regardez-vous? Pourquoi?
2 Donnez des exemples d'excuses (pour refuser une invitation, pour justifier un retard, etc).

Sprechakte

oui

non

discuter

Comment ...? / Bien ...

Konversation

- J'ai eu une longue *conversation* téléphonique avec Antoine.
- Le *dialogue* entre les deux pays est interrompu depuis plusieurs années.
- Je *n'*ai *pas* voulu prendre part à la *discussion*.
- Il m'a raconté toute son aventure, dans le moindre *détail*.
- *Ne* me parle *pas* sur ce *ton*, s'il te plaît.
- Il *n'*est jamais d'accord avec moi, il *n'*arrête *pas* de me *contredire*.

Strukturwörter

- *Alors*, tu viens demain?
- Je *ne* peux *pas* venir, c'est *ainsi*, on *ne* peut rien y faire.
- Tu *n'*es *pas* fâchée? *Bien sûr* que non.
- On *ne* pourra *pas* skier pendant les vacances, *en effet*, les pistes sont fermées par manque de neige.
- *Pourquoi* est-ce que tu pleures?
- Je *n'*ai *pas* aimé ce film, *pourtant* j'aime beaucoup les comédies en général.
- «Tu *ne* veux *pas* venir?» – «Mais *si*!»
- *Surtout*, *n'*oublie *pas* de téléphoner quand tu arrives.

Adverbien

- Que fais-tu *exactement* comme travail?
- Réponds-moi *franchement*, s'il te plaît.
- *Heureusement* que tu es arrivé, je m'inquiétais.
- *Naturellement*, vous êtes les bienvenus.
- Eric-Emmanuel Schmitt est l'auteur *notamment* de «Oscar et la dame rose».
- J'ai eu *tellement* peur que j'ai été malade.
- Mon ami connaît *parfaitement* la ville.
- Nous avons trouvé le chemin *facilement*.

A Sprachliche Mittel. Finden Sie im Gitter zehn Wörter des Kapitels.

N	N	O	R	M	B	B	I	S	C	U	T	P
A	D	S	U	R	I	I	A	L	O	R	S	O
F	E	C	A	L	E	C	E	G	T	A	I	U
U	T	S	O	L	N	L	F	R	A	C	H	R
N	A	T	U	R	E	L	L	E	M	E	N	T
E	I	H	E	R	U	E	S	E	M	E	T	A
L	L	Q	U	O	T	A	I	N	S	I	I	N
L	M	E	N	T	R	O	H	E	U	R	E	T
E	E	C	D	I	S	C	U	T	E	R	Q	I
T	E	L	L	E	M	E	N	T	N	O	I	U
T	T	A	T	T	O	N	S	U	J	E	S	N

B Definitionen. Finden Sie die passenden Wörter.

1 un synonyme de «conversation»
2 répondre négativement, c'est dire …
3 dire le contraire
4 deux personnes ou plus qui discutent
5 affirmatif

a oui
b conversation
c discussion
d non
e contredire

C Aussagen. Ergänzen Sie die Lücken.

parfaitement ▪ franchement ▪ détails ▪ exactement ▪ notamment ▪ en effet ▪ bien sûr

1 «Est-ce que tu m'aimes?» – «Mais, ____________________.»

2 Est-ce que tu connais les ____________________ de leur entretien?

3 Je ne sais plus ____________________ combien de personnes j'ai invitées.

4 Il n'arrive pas à parler ____________________ avec son directeur.

5 Elle doit partir d'urgence, ____________________ sa mère est très malade.

6 Mon père collectionne les livres anciens, il a ____________________ un ancien exemplaire de «20 000 lieues sous les mers» de Jules Verne.

7 Oui, je t'ai ____________________ entendu.

D Und bei Ihnen? Beantworten Sie die Fragen.

1 Quels sont vos sujets de discussion préférés?
2 Est-ce que vous aimez contredire vos interlocuteurs? Pourquoi?
3 Est-ce que vous parlez franchement avec vos amis?

Meinungen

- Je ne suis pas de votre *avis*.
- C'était une mauvaise *idée* de prendre ce chemin.
- Je n'ai aucune *opinion* sur ce débat.
- Nous ne partageons pas le même *point de vue* à ce sujet.
- Tu n'as aucune *raison* de te plaindre.

Reaktionen

- Je *doute* que tu arrives à l'heure ce soir.
- Il *refuse* de lui serrer la main depuis leur dispute.
- J'*hésite* entre ces deux desserts, je ne sais pas quoi choisir.
- Le directeur s'*étonne* que cet employé arrive si tard.
- J'ai un *doute* sur sa capacité à gérer la situation.

Annahmen

- Il *a accepté* mon invitation à dîner.
- Le slogan dit «Boire ou conduire, il faut *choisir*».
- Qu'*avez*-vous finalement *décidé* pour vos vacances?
- Elle *estime* être capable de régler ce problème seule.
- Quelle robe *préfères*-tu? La bleue ou la rouge?
- Je *suppose* que tu n'as plus envie de sortir, il est déjà tard.

Entscheidungen

- Je dirais qu'ils étaient trois, mais sans *certitude*.
- Leur *décision* de déménager a été très soudaine.
- Avez-vous *l'intention* de rester dormir?
- Le président n'a pas dit la *vérité* sur son état de santé.

A Welche Wörter entsprechen den folgenden Situationen? Ordnen Sie zu.

1 Je ne sais pas quoi faire. Je n'arrive pas à choisir.
2 Je suis surpris de sa réaction.
3 J'aimerais bien venir à ta fête ce soir.
4 Je ne suis pas sûr de pouvoir arriver à temps pour le départ.

a étonner
b accepter
c hésiter
d douter

B Reaktionen. Finden Sie im Gitter zehn Wörter des Kapitels.

H	E	R	T	U	I	D	O	P
N	E	T	O	N	N	E	R	L
V	B	S	M	J	H	C	A	J
L	A	V	I	S	G	I	I	H
J	H	G	F	T	F	D	S	G
A	S	D	I	D	E	E	O	F
R	E	F	U	S	E	R	N	D
Z	T	R	E	M	N	B	V	S
U	O	P	I	N	I	O	N	A
I	O	D	O	U	T	E	R	C
C	E	R	T	I	T	U	D	E

C Verkehrte Welt. Korrigieren Sie die Sätze.

1 Pierre n'a pas voulu <u>préférer</u> entre les deux CD, il a acheté les deux.
2 Ce n'est pas la <u>certitude</u>, c'est un mensonge.
3 Comme tu ne répondais pas à la porte, j'ai <u>refusé</u> que tu étais sorti.
4 La décision du juge <u>hésite</u> beaucoup les avocats.

D Gegebenheiten. Ergänzen Sie die Lücken.

intention ▪ idée ▪ raison ▪ doute

1 Les policiers n'ont pas de ________________ sur l'identité des voleurs.

2 Victor et Jeanne ont annoncé leur ________________ de se marier.

3 Je n'ai pas d'________________ pour faire un cadeau à Fatima.

4 Quelle est la ________________ de ta visite?

E Und bei Ihnen? Beantworten Sie die Fragen.

1 Aimez-vous donner votre avis quand vous êtes entre amis?
2 Acceptez-vous souvent les décisions des autres?
3 Quand vous devez prendre une décision importante que faites-vous? Expliquez.

Höchstwahrscheinlich

- Je n'ai *absolument* pas envie de sortir ce soir.
- C'est *certainement* une erreur.
- Tu es *certaine* de pouvoir venir avec nous?
- Ton chapeau est *vraiment* joli.
- Il est *tout à fait* contre cette idée.
- La victoire de ce candidat paraît *évidente*.
- On va au restaurant. C'est *évidemment* moi qui invite!

Estelle est *sûre* d'avoir réussi à l'examen.

Wahrscheinlich

- Nous avons *peut-être* trouvé une solution à notre problème.
- Nous déjeunerons *probablement* en route.
- Frank a *relativement* bien accepté le départ de sa femme.
- Quelles sont les *possibilités* d'hébergement sur place?
- Est-ce qu'il est *possible* de repousser la réunion à demain?

Il est peu *probable* qu'il arrive ce soir.

Beschreibungen

- J'habite à *environ* deux heures de Paris.
- J'ai *presque* fini mon livre.
- Notre professeur a *tendance* à arriver en retard.
- Notre inquiétude était *réelle* quand on a appris la nouvelle.
- Vous avez *entièrement* raison.
- Je suis *complètement* d'accord avec vous.
- Après une randonnée, on est *forcément* fatigué.

Je suis *très* en colère contre lui.

Il est *impossible* de circuler en ville à cette heure-là.

A Verkehrte Welt. Korrigieren Sie die Sätze.

1 J'arriverai complètement demain vers 18h00.
2 Si, je t'assure, j'ai très gagné au loto!
3 C'est réel de courir aussi vite qu'un jaguar.
4 Mathilde a tendance gagné la course, elle est arrivée deuxième.

B Assoziationen. Finden Sie die passenden Synonyme.

1 certain ____________________
2 complètement ____________________
3 ni oui ni non ____________________
4 de façon relative ____________________

C Wahrscheinlichkeiten. Finden Sie im Gitter neun Wörter des Kapitels.

A	B	S	O	L	U	M	E	N	T
C	P	U	E	R	T	U	V	I	R
E	O	R	F	G	H	J	I	O	E
R	S	E	E	D	S	A	D	P	S
T	S	E	V	S	B	N	E	M	L
I	I	L	E	I	Q	P	N	I	O
A	B	A	S	T	U	U	T	L	J
N	L	C	A	S	D	F	E	G	H
T	E	N	D	A	N	C	E	H	E
F	O	R	C	E	M	E	N	T	R

D Möglichkeiten. Ergänzen Sie die Lücken.

environ ▪ impossible ▪ évidente ▪ absolument ▪ possibilité

1 Il est arrivé il y a ____________________ deux heures.
2 Il faut ____________________ que tu me rappelles aujourd'hui.
3 Il est ____________________ d'ouvrir la porte, elle est bloquée.
4 Il n'a pas la ____________________ de voyager souvent.
5 La réponse à cette question est ____________________, tout le monde la sait.

E Und bei Ihnen? Beantworten Sie die Fragen.

1 Êtes-vous toujous sûr/e de vous?
2 Racontez ce qui va probablement se passer pour vous aujourd'hui.
3 Racontez les projets de votre prochain week-end.

Feste

le Noël

la fête

les Pâques (f. pl.)

le spectacle

Teilnahme an Veranstaltungen

- Cette année, elle n'*assistera* pas au *spectacle* de *Noël* des enfants.
- Il y avait plusieurs hommes politiques dans l'*assistance*.
- Il y a toujours de la *foule* à l'ouverture de la billetterie.
- Cette année, le professeur Legrand ne *participera* pas au congrès des médecins.
- L'artiste a remercié son *public*.

Veranstaltungen

- Le parti socialiste s'est réuni en *congrès* le week-end dernier.
- Ce festival de bandes dessinées est la plus grande manifestation *culturelle* de l'ouest.
- Après la victoire de leur équipe, les fans ont fait la *fête*.
- Le cirque est le *spectacle* préféré des enfants.

Organisation

- Aude *organise* le programme pour sa *fête*.
- «Tu m'*accompagnes* au concert?» – «Non, je ne peux pas venir.»
- Ils *se sont* tous *réunis* pour l'anniversaire de mariage de leurs grands-parents.
- Il n'y a plus aucun billet à vendre, le festival est *complet*.
- Jeanne a reçu les *félicitations* du jury.

A Das Feiern. Füllen Sie das Kreuzworträtsel aus.

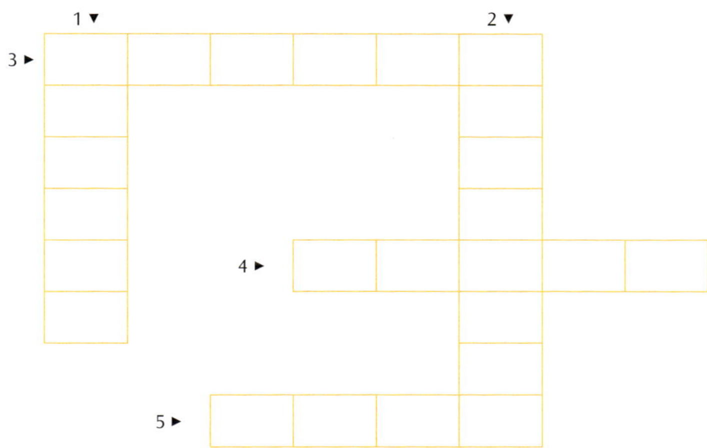

1 Est-ce que tu fêtes … en famille?
2 Qui a rapport à la culture.
3 Est-ce que le … a aimé le spectacle?
4 Il y avait une … énorme, on ne pouvait pas avancer.
5 Se fête le 25 décembre.

B Definitionen. Finden Sie die passenden Wörter.

1 se retrouver ensemble
2 un synonyme de «assister»
3 ce qui donne les horaires et les détails d'un spectacle
4 un autre mot pour «le public»

a le programme
b la foule
c se réunir
d participer

C Verkehrte Welt. Korrigieren Sie die Sätze.

1 C'était culturel, il n'y avait plus de places.
2 Cette année, c'est à notre tour d'accompagner le pique-nique.
3 J'ai oublié d'envoyer une carte d'assistance pour la naissance du bébé.
4 Je suis là pour me réunir au congrès.

D Assoziationen. Ordnen Sie zu und bilden Sie Sätze.

1 organiser
2 assister
3 participer

a au spectacle
b au congrès
c une fête

1 ______________________________

2 ______________________________

3 ______________________________

E Und bei Ihnen? Beantworten Sie die Fragen.

1 Quels sont les événements que vous préférez?
2 À quoi assistez-vous le plus souvent?
3 Aimez-vous la foule? Pourquoi?
4 Aimez-vous organiser des fêtes?
5 Racontez la dernière fête que vous avez organisée ou à laquelle vous avez assisté.

Ausstellungen und Sehenswürdigkeiten

le *musée*

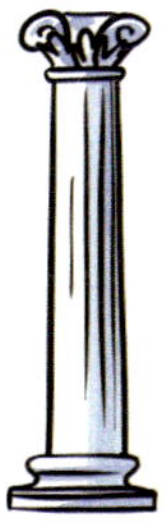
la *colonne*

le *tableau*

le *château*

- Le *musée expose* les meilleurs *tableaux* impressionnistes.
- L'*exposition* sur les *artistes* flamands a lieu dans la grande salle.
- On peut aussi visiter le *château* les week-ends.

Malerei

- Claude Monet adorait *peindre* les paysages de Normandie.
- C'est une *peinture* à l'huile.
- Quelle est ta *toile* préférée du *peintre* Matisse?

Kunst

- La *musique*, la danse et l'architecture sont des *arts*.
- Robert Doisneau et Henri Cartier-Bresson sont les maîtres de la *photographie* du XXe siècle.
- Quelle pièce de *théâtre* as-tu vue hier soir?
- Est-ce que tu aimes le *cinéma* américain?
- Ce *comédien* a beaucoup de *talent*.
- C'est un *film* en noir et blanc de 1934.
- L'actrice tient le *rôle* d'une princesse.

Im Konzert

A Wortfelder. Welche Wörter passen nicht?

1 tableau – toile – musique
2 rôle – exposer – film
3 musée – scène – exposition

B Kunst. Ordnen Sie zu.

peintre ▪ photographie ▪ théâtre ▪ cinéma

1 ____________________ 2 ____________________ 3 ____________________ 4 ____________________

C Definitionen. Finden Sie die passenden Wörter.

1	ce qui entoure un tableau	a	billet
2	Toutes les grandes villes en ont au moins un.	b	cadre
3	ce qui nous permet d'entrer dans la salle de cinéma ou de concert	c	instrument
4	l'outil de travail du musicien	d	cinéma

D Ausstellungen. Ergänzen Sie die Lücken.

colonnes ▪ château ▪ art ▪ exposition ▪ peindre ▪ théâtre ▪ peinture

1 Hier, je suis allé voir une ____________________ sur les inventions de Léonard de Vinci.

2 La visite guidée du ____________________ dure une heure.

3 Mon père apprécie beaucoup la ____________________ flamande.

4 Ce musée expose les plus belles ____________________ grecques.

5 On peut être comédien au cinéma ou au ____________________.

6 Eva prend des cours pour apprendre à ____________________.

7 Ma sœur a visité un musée d'____________________ contemporain.

E Und bei Ihnen? Beantworten Sie die Fragen.

1 Avez-vous un art préféré? Lequel?
2 Allez-vous souvent aux musées?
3 Quels sont vos films préférés?
4 Quel genre de musique écoutez-vous? Allez-vous aux concerts?

Computer

le *matériel informatique*

Informatik

- Il a étudié l'*informatique* pour devenir informaticien.
- Ce *logiciel* de traduction est très utile.
- Il *a installé* de nouveaux programmes sur son *ordinateur*.
- L'*installation* du *logiciel* est automatique.
- Elle peut *taper* un texte de plusieurs pages en une heure.
- L'*ordinateur exécute* le programme automatiquement.

Telekommunikation

la *télévision*

la *radio*

la *caméra*

- Cet acteur était invité dans l'*émission* de *télévision*.
- Ce film était ennuyeux, il n'y avait pas d'*action*.
- Il y a eu une panne de *réseau* et la *télévision* ne marchait plus.
- Grâce au *satellite*, on peut recevoir des chaînes de télé étrangères.

Technik

- Il s'est acheté un nouvel *appareil* qui fait *ordinateur* et téléphone.
- Ces *données* sont confidentielles, on ne peut pas les consulter.
- Pour ouvrir le *menu*, tu dois cliquer ici.
- On a inventé une nouvelle *technique* pour envoyer des messages.
- Il y a de plus en plus de voitures *électriques*.
- Pour faire *apparaître* le fichier, tu dois cliquer sur la flèche.

A Technik. Finden Sie im Gitter neun Wörter des Kapitels.

L	I	T	E	L	I	P	H	O	N
I	I	N	S	T	A	L	L	E	R
N	T	N	T	C	C	H	A	M	T
T	E	L	E	P	H	O	N	E	R
A	T	C	R	R	A	A	A	N	E
P	A	P	R	A	I	D	C	U	S
E	P	E	S	A	T	E	T	E	E
R	A	C	T	I	N	E	I	F	A
C	E	M	I	S	S	I	O	N	U
C	A	D	E	D	O	N	N	E	E

B Verkehrte Welt. Korrigieren Sie die Sätze.

1 Ce film passe ce soir à l'ordinateur.
2 Ils ont filmé avec un seul réseau.
3 Grâce aux nouvelles actions, on peut mieux communiquer.
4 Le technicien est venu nous aider à exécuter le programme.

C Wortfelder. Welche Wörter passen nicht?

1 appareil – imprimante – taper – caméra
2 action – ordinateur – télévision – radio
3 menu – installer – émission – ordinateur

D Technische Geräte. Ergänzen Sie die Lücken.

électriques ▪ écran ▪ satellites ▪ installation ▪ matériel informatique

1 N'oublie pas d'éteindre l'__________________ de ton ordinateur.
2 Je n'ai pas trouvé les explications pour l'__________________ de ce programme.
3 De nombreux __________________ tournent autour de la Terre.
4 L'école a acheté du nouveau __________________ pour les classes.
5 Les appareils __________________ consomment beaucoup d'énergie.

E Und bei Ihnen? Beantworten Sie die Fragen.

1 De quels outils de communication vous servez-vous le plus souvent?
2 Avez-vous un ordinateur? Chez vous? Au travail? Expliquez comment vous l'utilisez.
3 Que pensez-vous des nouvelles technologies?

Bücher

- Les *écrivains* célèbres se sont retrouvés au salon du *livre* de Francfort.
- Quelle est l'*histoire* de ce *roman*?
- Victor Hugo était *écrivain* et *poète*.
- Connaissez-vous le dernier *roman* de cet auteur?

Zeitungen

- Il écrit des *articles* de sport pour le *journal* local.
- Les *journalistes* ont interviewé l'*écrivain* pour leur *journal*.
- Il y a beaucoup de publicité pour ce *roman* dans la *presse*.
- Le Monde et le FAZ sont des *quotidiens*.
- As-tu lu le *reportage* sur les nouvelles technologies?
- Ce professeur a écrit un *article* dans une *revue* scientifique.

Lektüre

- Dans sa chambre, elle a aménagé un coin *lecture*.
- Les *lecteurs* ont pu rencontrer l'*écrivain*.
- Elle *lit* surtout des *histoires* d'amour.
- Son *genre* préféré, ce sont les *romans* policiers.
- Quelles sont les *œuvres* les plus célèbres de Jules Verne?
- Il travaille sur un *ouvrage* d'art.

Veröffentlichungen

- Les *livres* sans *images* sont ennuyeux.
- Ouvrez vos *livres* à la *page* 34.
- Cette maison d'édition *publie* des guides de voyages.
- Peter Pan est le *héros* préféré des enfants.
- Nous avons lu un *texte* de Baudelaire en classe.
- Quel est le *titre* de votre dernier *ouvrage*?

A Lesevergnügen. Füllen Sie das Kreuzworträtsel aus.

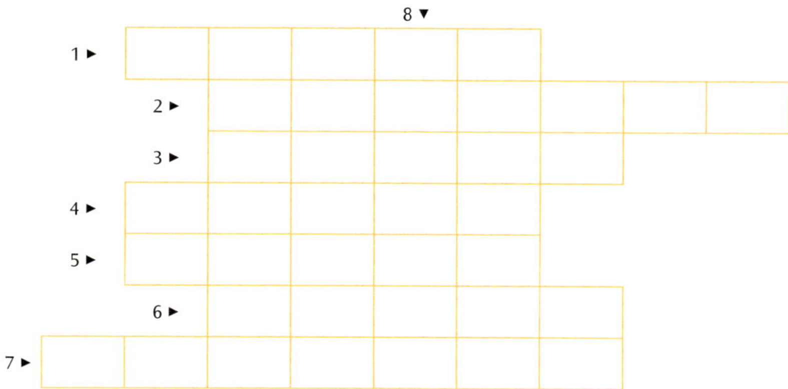

1 Le personnage principal d'un livre ou d'un film.
2 On l'achète dans les kiosques.
3 Elle est spécialisée.
4 Le nom d'un livre ou d'un film.
5 Longue histoire de fiction.
6 On les tourne pour lire.
7 Celui qui lit.
8 La production d'un artiste.

B Definitionen. Finden Sie die passenden Wörter.

1 une illustration
2 celui ou celle qui écrit dans les journaux
3 l'auteur de poèmes
4 faire la lecture

a poète
b lire
c image
d journaliste

C *Journal* oder *livre*? Ordnen Sie zu.

œuvre ▪ presse ▪ écrivain ▪ littérature ▪ quotidien ▪ article

journal	livre

D Lektüre. Ergänzen Sie die Lücken.

texte ▪ pages ▪ reportage ▪ image ▪ lecture

1 Il y a plusieurs ________________ déchirées dans ce livre.

2 Le professeur a fait la ________________ de cette lettre à voix haute.

3 J'aime beaucoup les émissions de ________________ sur l'actualité.

4 Le comédien ne connaissait pas son ________________.

5 La presse n'a montré aucune ________________ du mariage du président.

E Und bei Ihnen? Beantworten Sie die Fragen.

1 Quel est votre genre littéraire préféré?
2 Quel est le dernier livre que vous avez lu? Racontez.
3 Lisez-vous les journaux? Lesquels? Quelle partie du journal lisez-vous en premier?

Sportarten

courir / la *course*

skier

sauter

viser

Training

- Le coureur ne sera pas au *départ* de cette *course*, il s'est blessé.
- Il a remporté la *course* sans *efforts*.
- Je ne *pratique* plus aucun *sport* depuis six mois.
- C'est lui qui *entraîne* les chevaux au saut d'obstacles.
- Le joueur *a jeté* les dés.
- Il faut *lancer* le disque le plus loin possible.
- Julien a fait un *mouvement* du bras.

Meisterschaft

- L'*équipe* de foot ne connaît pas encore son prochain *adversaire*.
- Éric est gardien de *but*.
- Cette rencontre entre les deux joueurs est un *match* décisif.
- Ce boxeur fait partie de la *catégorie* des poids légers.

Wettkampf

- Paul a réussi à *battre* le champion du monde.
- Elle *a gagné* la *course* au sprint.
- Il *a perdu* le match en trois sets.
- Personne n'a pu *vaincre* ce joueur, il était le plus *fort*.
- C'est l'*équipe* anglaise qui a *dominé* le tournoi.
- La nageuse française était la plus *forte* ce jour-là.
- C'est toujours le *meilleur* qui *gagne*.
- Les premiers coureurs ont une *avance* de deux minutes.

A Verkehrte Welt. Korrigieren Sie die Sätze.

1 Le joueur suisse n'a pas réussi à <u>pratiquer</u> son adversaire.
2 Notre équipe a gagné le match deux <u>avances</u> à zéro.
3 Notre fils était le plus fort. Il a <u>perdu</u> le match.
4 Il <u>jette</u> les joueurs de l'équipe française de rugby.
5 Au saut en hauteur, il faut <u>lancer</u> par-dessus une barre.

B Assoziationen. Finden Sie die passenden Wörter.

1	le contraire de «gagner»	a	départ
2	une activité sportive qui se pratique dans la neige	b	battre
3	le début d'une course par exemple	c	perdre
4	un synonyme de «dominer»	d	skier

C Der Sport. Finden Sie im Gitter neun Wörter des Kapitels.

E	C	O	U	R	I	R	P	I	R
S	P	O	R	T	V	N	M	T	E
B	U	T	T	U	E	I	P	O	F
R	R	L	F	S	S	A	S	L	F
T	S	K	I	E	R	L	J	E	O
U	E	N	T	R	A	I	N	E	R
A	V	A	N	C	E	O	P	U	T
I	O	S	A	U	T	E	R	F	D

D Sportliche Ereignisse. Ergänzen Sie die Lücken.

visé ▪ départ ▪ match ▪ mouvements ▪ court ▪ course

1 Il ________________ les cent mètres en onze secondes.

2 Le ________________ de la régatte est à 14h00.

3 Je ne sais pas nager, je ne connais pas les ________________ .

4 Tu as assisté au ________________ de basket hier soir?

5 La ________________ de voile a été annulée à cause de la tempête.

6 Le joueur a mal ________________ et a raté le but.

E Und bei Ihnen? Beantworten Sie die Fragen.

1 Pratiquez-vous un sport? Lequel? Racontez.
2 Aimez-vous suivre les compétitions sportives à la télévision? Pourquoi ou pourquoi pas?
3 Quelle activité quotidienne vous demande le plus d'efforts?

Liebe

- Mes parents forment un *couple* très *uni*.
- Anne de Bretagne *a épousé* le roi de France, Charles VIII en 1491.
- Marie-Antoinette était l'*épouse* du roi Louis XVI.
- Ils se *marient* au mois de juin à Aix-en-Provence.
- Elle ne voit plus du tout son ex-*mari*.

Freundschaft

- Alice est sa meilleure *amie* depuis le lycée.
- Il est arrivé en *compagnie* de son *amie*.
- Claude ne fait *confiance* à personne.
- Mon *ami* et moi, nous *partageons* les mêmes goûts pour la peinture.
- On dit que le chien est l'*ami* le plus *fidèle* de l'homme.

Einfluss

- Il *dépend* de son *amie* financièrement depuis qu'il n'a plus de travail.
- Mes copines m'*encouragent* à sortir plus souvent pour rencontrer du monde.
- Qu'est-ce qui te *plaît* chez lui?
- Les jeunes ne *respectent* pas suffisamment les personnes âgées.

Beziehungen

- Il nous a avoué sa *relation* avec Aurélie.
- Les invités peuvent venir avec leur *compagnon* ou leur compagne.
- Julie et Éric sortent *ensemble* depuis trois mois.
- Patrick et Nadine *se sont séparés* après 15 ans de *mariage*.
- Catherine *a quitté* Fabrice après une violente dispute.

A Beziehungen. Füllen Sie das Kreuzworträtsel aus.

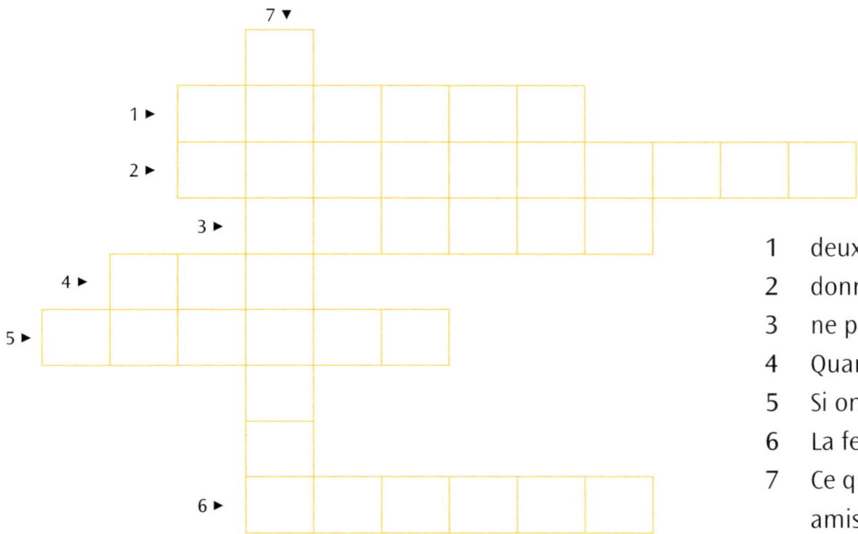

1 deux personnes ensemble
2 donner du courage à quelqu'un
3 ne pas tromper quelqu'un, c'est être …
4 Quand on est ensemble, on est …
5 Si on n'est plus ensemble, on est …
6 La femme du mari, c'est l' …
7 Ce qu'il faut dans un couple et entre amis, c'est de la …

B Verkehrte Welt. Korrigieren Sie die Sätze.

1 Jacques et Anne ont annoncé qu'ils allaient se séparer en mai et que tout le monde était invité.
2 Voici Bernard, mon compagnon, nous sommes mariés depuis 10 ans.
3 La copine de Victor ne dépend pas de M. et Mme Chabal. Ils ne l'aiment pas.
4 Mes parents ont une compagnie très forte.

C Synonyme. Finden Sie die passenden Wörter.

1 se quitter ____________________

2 sentiment fort pour quelqu'un ____________________

3 avoir du respect ____________________

4 se marier ____________________

D Ein Heiratsantrag. Ergänzen Sie die Lücken.

mariage ▪ épouser ▪ amis ▪ ensemble

Jeanne et Paul sont ____________________ depuis quelques années. Hier, il a demandé à Jeanne si elle voulait l'____________________. Jeanne a dit oui. Le ____________________ aura lieu cet été. Tous les ____________________ du couple sont invités.

E Und bei Ihnen? Beantworten Sie die Fragen.

1 Pour vous, comment est la relation idéale en amour?
2 Que signifie le mariage pour vous?
3 Quelles relations avez-vous avec votre famille?
4 Avez-vous un cercle d'amis? Racontez vos relations.

Einladung

Treffen

- Apelle-moi à ton *arrivée* à l'aéroport.
- Nous avons toujours gardé le *contact* avec nos anciens voisins.
- Une *rencontre* est prévue entre les deux familles.
- Il *a rencontré* sa femme pendant des vacances en Corse.
- Je ne vais pas *revoir* cette camarade de classe.

Verabredung

- Qu'est-ce qu'on *apporte* pour le pique-nique de dimanche?
- Michel n'*a* pas *osé* refuser l'invitation.
- Nous *prévoyons* de dîner en ville puis d'aller danser.
- Je n'*ai* rien de *prévu* ce soir.
- Je *me dépêche*, je suis en retard pour mon rendez-vous.

Wiedersehen und zurückgehen

- Il *est entré* dans la maison par la porte du garage.
- Il va *rejoindre* sa famille en vacances à la mer.
- Nous *sommes rentrés* plus tôt de la soirée, car j'étais malade.
- Je dois *retourner* au travail, j'ai oublié mon sac de sport là-bas.
- Où est-ce qu'on se *retrouve* pour le déjeuner?
- Mes parents *reviennent* d'Italie demain.

A Ein Treffen planen. Finden Sie im Gitter neun Wörter des Kapitels.

A	C	C	U	E	I	L	L	I	R
R	E	T	O	U	R	N	E	R	E
E	E	V	E	N	I	E	M	R	R
J	N	N	R	E	T	C	M	E	E
O	R	I	C	T	T	A	E	U	N
I	E	N	D	O	I	H	C	T	T
N	V	V	J	O	N	A	H	T	R
D	O	I	I	N	V	T	E	R	E
R	I	T	I	V	E	E	R	E	R
E	R	E	E	N	T	R	E	E	R
P	R	R	P	R	E	V	O	I	R

B Wortfelder. Welche Wörter passen nicht?

1 arrivée – honneur – entrer
2 entrer – rejoindre – retrouver
3 revoir – prévue – prévoir

C Definitionen. Finden Sie die passenden Wörter.

1 retourner d'où on vient
2 se presser, aller vite
3 recevoir une personne
4 porter quelque chose à quelqu'un

a accueillir
b apporter
c se dépêcher
d revenir

D Termine. Ergänzen Sie die Lücken.

revenez ▪ honneur ▪ rejoindre ▪ osé ▪ accueillir ▪ prévoir

1 Je n'étais pas là pour ________________ mes amis à la gare.
2 Quel ________________! Je suis invité à dîner chez mon chef.
3 N'oublie pas de ________________ un pique-nique pour samedi.
4 «Bon voyage, ________________ nous voir quand vous voulez.»
5 Oscar a ________________ envoyer des fleurs à sa voisine.
6 Je pars ce soir à Nice, mon frère doit me ________________ ce week-end.

E Und bei Ihnen? Beantworten Sie die Fragen.

1 Invitez-vous souvent des amis chez vous?
2 Qu'est-ce que vous avez prévu ce week-end? Racontez.
3 Racontez une rencontre qui vous a marqué/e.

Besitzen

- Ce bijou *appartenait* à ma grand-mère.
- Cette chanteuse *dispose* d'une suite à l'hôtel Ritz.
- À cause de l'ouragan, ils ont perdu tout ce qu'ils *possédaient*.
- Qui sont les *propriétaires* de ce château?
- Il possède une immense *propriété* au bord de la mer.

Ausleihen

- Il y a eu des *échanges scolaires* entre les deux pays.
- Les *prêts* à la bibliothèque peuvent être prolongés sur Internet.
- Est-ce que tu peux me *prêter* ton vélo aujourd'hui?
- Ce parc est *public*, tout le monde peut y entrer.
- Est-ce que tu veux que je te *ramène* chez toi en voiture?
- Victor *a rapporté* beaucoup de souvenirs de vacances.

Sich aneignen und behalten

- Grâce à ces cours, il *a acquis* les notions de base de l'informatique.
- Tu peux *reprendre* tes livres, je n'en ai plus besoin, merci.
- Vincent s'*est procuré* le dernier album des Stones.
- Est-ce que tu peux *garder* un secret?

Eigenschaften

- Je peux te *confier* un secret?
- Certaines personnes *manquent* de tout et n'ont plus rien.
- On ne peut pas se garer là, c'est une *propriété privée*.
- J'ai ma *propre* idée sur cette question.
- Les meilleures places *sont* déjà *prises*, il ne reste que des sièges dans le fond.

A Besitzungen. Füllen Sie das Kreuzworträtsel aus.

1 La banque m'a fait un … immobilier.
2 Ses parents vont lui … quand elle sera à l'étranger.
3 Dans les magasins, on peut faire un … de marchandises avec le ticket de caisse.
4 Qui vous a … les clés du coffre-fort?
5 Il a investi son … argent dans cette entreprise.

B Assoziationen. Finden Sie die passenden Wörter.

1 le contraire de «public» ____________________

2 un synonyme de «disposer» ____________________

3 aider quelqu'un à avoir quelque chose ____________________

4 donner temporairement ____________________

C Begebenheiten. Ergänzen Sie die Lücken.

acquérir ▪ confient ▪ dispose ▪ ramener ▪ pris

1 Pendant leurs vacances, mes voisins me ____________________ leurs clés de maison.

2 Ma voiture est en panne, tu peux me ____________________?

3 Cette voiture ____________________ de sept places assises et d'un grand coffre.

4 Tous les bancs du parc sont ____________________.

5 Ma sœur cherche à ____________________ une œuvre d'art.

D Und bei Ihnen? Beantworten Sie die Fragen.

1 Nommez cinq choses que vous possédez.
2 Nommez deux choses qui vous manquent.
3 Nommez une chose que vous avez prêtée.

Ereignisse

- La chute du mur de Berlin a été un *événement* important pour l'Europe.
- Il n'y a aucun *fait* nouveau dans l'enquête sur le vol des tableaux.
- La pollution de l'air est une *nouvelle* alarmante.
- Leur mission dans l'espace a rencontré beaucoup de *problèmes*.
- La *situation* s'améliore pour les pays en voie de développement.

Realität

- Le chômage des jeunes est un *problème actuel*.
- Le gouvernement *a créé* une commission d'enquête sur le sujet.
- Le manque d'hygiène et de soins est la *cause* de nombreuses maladies.
- C'est le gaz carbonique qui *cause* le plus de pollution.
- Cette nouvelle entreprise a permis la *création* de 500 nouveaux emplois dans cette ville.
- Il faut voir la *réalité* en face: le climat se réchauffe!

Entdecken und informieren

- C'est un chercheur français qui est à l'origine de la *découverte* de ce virus.
- Ils *ont découvert* du pétrole dans cette région.
- Les pompiers *sont intervenus* rapidement sur le lieu de l'incendie.
- Ces informations *proviennent* de l'ambassade de France.
- Va à l'office de tourisme pour avoir des *renseignements*.

Solidarität und Protest

- La déclaration d'*indépendance* des États-Unis date de 1776.
- La justice est-elle vraiment *indépendante*?
- Les manifestants *se sont rassemblés* devant la mairie.
- Les étudiants vont *manifester* dans plusieurs villes de France.

l'indépendance (f.)

manifester

A Geschehnisse. Füllen Sie das Kreuzworträtsel aus.

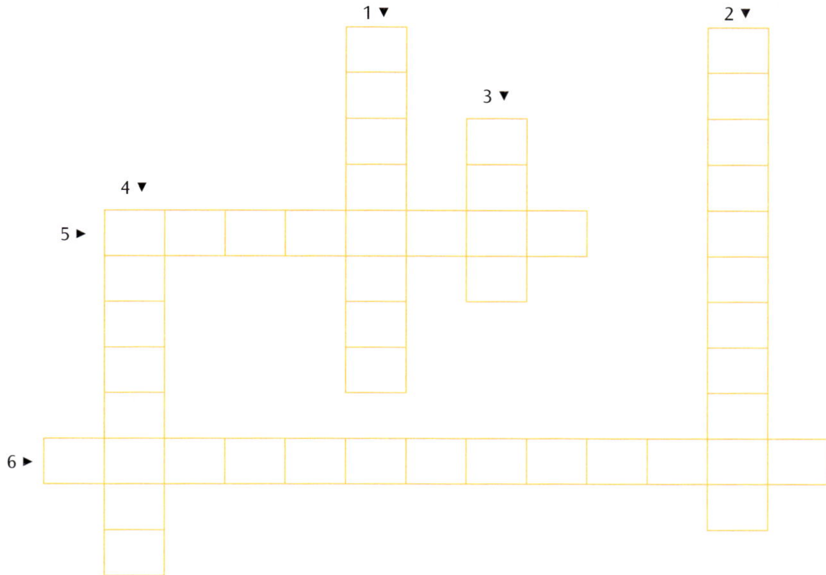

1 Elle peut être bonne ou mauvaise.
2 qui a son indépendance
3 événement
4 Il y a toujours une solution à chaque …
5 venir de
6 Donner une information, c'est donner un …

B Ereignisse. Ergänzen Sie die Lücken.

réalité ▪ indépendance ▪ événement ▪ actuel

1 Quel est le taux de chômage ______________ en France?

2 Le gouvernement nous fait croire que tout va bien, malheureusement la ______________ est bien différente.

3 Plusieurs pays africains ont retrouvé leur ______________ dans les années 60.

4 Pour fêter l'______________, je vous invite au restaurant.

C Wortverwandtschaften. Finden Sie die passenden Substantive.

1 créer ______________

2 découvrir ______________

3 causer ______________

D Verkehrte Welt. Korrigieren Sie die Sätze.

1 Le renseignement de la mort de son oncle l'a attristé.
2 La police a manifesté pour protéger le ministre.
3 Les inspecteurs ont causé un trafic de drogue.
4 L'argent est la situation de leur dispute.
5 Nous créons à 14h00 dans la grande salle.

E Und bei Ihnen? Beantworten Sie die Fragen.

1 Quel a été le fait le plus marquant pour vous ces dernières semaines et années?
2 Avez-vous déjà manifesté? Pourquoi? Pour quelles causes?

Gesellschaft

- On parle de notre *société* comme d'une *société* de consommation.
- La *civilisation* égyptienne était très développée.
- Il vient d'un *milieu* ouvrier, mais il est devenu médecin et son fils aussi.

Vereine

- Il fait partie de l'*association* des parents d'élèves.
- Mes grands-parents jouent aux cartes dans un *club*.
- L'Assemblée nationale et le Sénat font partie des *institutions* françaises.
- L'Union européenne compte 27 États *membres* en 2008.
- L'ONU est l'*Organisation* des Nations unies.
- L'*union* des petits partis politiques a permis de faire élire cet homme.

Völker

- En France, environ 30 % de la *population* immigrée est originaire du Maghreb.
- Les *gens* ont fait la queue pendant des heures pour aller à cette expo.
- Grâce à l'action *collective* de plusieurs *associations*, le maire a annulé son projet de grand aéroport.

Kultur

- Ce chanteur n'est pas encore *connu* du grand public.
- C'est le Ministre de la *culture* française qui a créé la Fête de la Musique.
- Son dernier film l'a rendu très *populaire*.
- Qui est *responsable* de l'organisation du concert?

La France est aussi *célèbre* pour ses vins et ses fromages.

Silvester Stallone est un acteur *connu*.

A In der Gesellschaft. Finden Sie im Gitter acht Wörter des Kapitels.

E	S	P	O	S	C	L	U	B	X	R	S
E	D	O	R	M	I	L	L	E	U	E	O
L	U	C	C	U	L	T	U	R	E	S	C
I	S	M	O	I	L	I	E	U	S	P	I
O	N	I	E	D	E	R	A	T	I	O	N
S	U	L	G	M	O	T	I	M	E	N	T
U	I	I	E	S	B	R	E	O	L	S	E
N	N	E	O	N	C	R	C	E	N	A	T
I	O	U	L	E	B	R	E	U	R	B	R
O	N	U	I	N	S	T	T	I	T	L	I
N	A	P	O	P	U	L	A	I	R	E	B

B Organisation. Ergänzen Sie die Lücken.

organisation ▪ union ▪ population ▪ institution

1 Quelle ________________ avez-vous choisie pour vos enfants?

2 Amnesty International est une ________________ qui lutte pour le respect des Droits de l'homme.

3 Le gouvernement veut proposer un traité d'________________ franco-allemande.

4 La ________________ de cette ville a augmenté de 10% en deux ans.

C Wortfelder. Welche Wörter passen nicht?

1 population – gens – milieu – civilisation
2 organisation – célèbre – connu – populaire
3 association – civilisation – club – institution
4 société – union – responsable – milieu

D Definitionen. Finden Sie die passenden Wörter.

1 celui qui s'engage dans une association
2 ce qui caractérise la société des hommes
3 ce qui concerne plusieurs personnes, un groupe
4 ce qui se réfère à la classe sociale

a civilisation
b milieu
c collectif
d membre

E Und bei Ihnen? Beantworten Sie die Fragen.

1 Êtes-vous membre d'une association ou d'un club? Racontez.
2 Comment définiriez-vous la société actuelle?
3 Pour quelles choses votre pays est-il célèbre?

Königreich

- Le *gouvernement* actuel traverse une *crise* importante après la démission de la plupart des *ministres*.
- La visite du pape en France n'est pas encore *officielle*.
- Dans certains pays, la *liberté* de la presse est en danger.
- L'*empire* de Charlemagne a été divisé après sa mort.
- Le Maroc est dirigé par un *roi*.
- La *reine* d'Angleterre a invité le Président français.

Nation

- Bruxelles est la *capitale* de la Belgique.
- Il est *citoyen* allemand depuis deux ans.
- Combien y a-t-il d'*habitants* en Allemagne?
- Il a été décoré pour services rendus à la *nation* française.
- La *sécurité* est renforcée pour la venue du président américain.

Regierung

- En France, le *gouvernement* est constitué par le Premier *Ministre*.
- Qui *gouverne* la Belgique?
- Il travaille au *ministère* de l'éducation.
- Le *ministre* des Affaires étrangères a démissionné ce matin.

Wahlen

- Mon oncle se présente comme *candidat* à la mairie de sa ville.
- Les *élections* municipales se dérouleront les 9 et 16 mars.
- Suite à sa défaite aux *élections*, ce parti se retrouve dans l'*opposition*.

A Verkehrte Welt. Korrigieren Sie die Sätze.

1 Tous les citoyens veulent vivre en crise.
2 Dans les pays totalitaires, il n'y a qu'un seul empire politique.
3 Cette ville compte 36.000 élections.
4 M. Dupont se présente comme roi aux élections municipales.

B Fakten. Ergänzen Sie die Lücken.

capitale ▪ liberté ▪ Nation ▪ habitants

1 Les Parisiens sont les ________________ de Paris.

2 Ottawa est la ________________ du Canada.

3 La Marseillaise est l'hymne de la ________________ française.

4 La devise française, c'est « ________________, Égalité, Fraternité».

C Definitionen. Finden Sie die passenden Wörter.

1 ce que fait un gouvernement
2 ceux qui vivent dans un pays
3 l'époux d'une reine
4 grande communauté humaine

a habitants
b nation
c gouverner
d roi

D Der Staat. Finden Sie im Gitter acht Wörter des Kapitels.

G	O	U	V	E	R	N	E	R
R	F	T	U	I	O	P	L	J
A	F	S	E	M	P	I	R	E
D	I	F	G	H	J	L	M	L
C	C	A	P	I	T	A	L	E
V	I	N	B	M	O	I	U	C
S	E	C	U	R	I	T	E	T
E	L	I	B	E	R	T	E	I
R	T	U	I	O	O	L	M	O
A	C	N	R	E	I	N	E	N

E Und bei Ihnen? Beantworten Sie die Fragen.

1 De quel pays êtes-vous citoyen/ne?
2 Comment est constitué le gouvernement de votre pays? Racontez brièvement.
3 Quelles sont les prochaines élections dans votre pays?

Politik

- Après son échec aux élections, cet homme n'a plus d'avenir *politique*.
- Après l'annonce de l'attaque imminente, la *résistance* s'est organisée.
- Les premières *colonies* françaises datent du XVIIe siècle.
- Le droit *civil* concerne les citoyens.

Versammlung

- L'*Assemblée* nationale et le Sénat votent les lois.
- Le Président a créé une *commission* pour enquêter sur cette affaire.
- Les *députés* siègent à l'Assemblée nationale.

Welt

- Dans l'Union européenne, on peut passer les *frontières* sans être contrôlé.
- Il a une entreprise de transport *international*.
- Jules Verne a écrit «Le Tour du *monde* en 80 jours».
- La population *mondiale* est de plus de six milliards d'habitants.
- L'Espagne est un *pays* voisin de la France.
- Il fait des recherches sur les *peuples* aborigènes d'Australie.

Staat und mehr

- Les décisions de politique étrangère sont prises au niveau *fédéral*.
- La Chine s'appelle aussi la *République* populaire de Chine.
- Les *dirigeants* de cette entreprise veulent se développer à l'international.
- Il faut voter une loi pour limiter le *pouvoir* du Président.

A Verkehrte Welt. Korrigieren Sie die Sätze.

1 Dans son discours à l'Assemblée, le Président s'est adressé aux <u>dirigeants</u>.
2 La <u>République</u> européenne a son siège à Bruxelles.
3 Dans une république, c'est le <u>pouvoir</u> qui choisit ses dirigeants.
4 Le Président a beaucoup de <u>pays</u> parce qu'il prend des décisions importantes.

B Über Länder. Ergänzen Sie die Lücken.

frontière ▪ colonie ▪ résistance ▪ république ▪ fédérale

1 Le Rhin est la ________________ naturelle entre la France et l'Allemagne.

2 Quelle est la capitale de la République ________________ d'Allemagne?

3 L'Algérie est une ancienne ________________ française.

4 Les manifestants se sont dispersés sans opposer de ________________.

5 La France est une ________________ depuis la Révolution.

C Politik. Finden Sie im Gitter neun Wörter des Kapitels.

R	P	A	Y	S	Q	W	E	R	T
F	E	D	E	R	A	L	U	I	Z
Y	U	S	B	C	D	E	T	O	D
X	P	I	I	Q	U	E	C	P	E
E	L	R	A	S	S	H	O	L	P
C	E	I	E	R	T	G	L	J	U
E	F	R	D	S	E	A	O	H	T
V	U	I	V	R	M	O	N	D	E
B	C	I	V	I	L	T	I	C	G
N	M	G	J	F	R	H	E	F	E
C	O	M	M	I	S	S	I	O	N

D Definitionen. Finden Sie die passenden Wörter.

1 territoire occupé par une nation étrangère — a résistance
2 l'action de s'opposer à quelqu'un — b fédéral
3 ce qui concerne une fédération — c dirigeant
4 celui qui dirige — d colonie

E Und bei Ihnen? Beantworten Sie die Fragen.

1 Est-ce que vous vous intéressez à la politique internationale?
2 Parlez de votre pays et de ses relations avec les autres pays.
3 Comment sont élus les dirigeants de votre pays?
4 Comment vous informez-vous sur le monde?

Kämpfen

- Les pays négocient pour éviter les *conflits*.
- La *lutte* pour défendre cette ville a été rude.
- Les *armes* ne sont pas en vente libre en France.
- L'*officier* blessé est resté au *camp*.
- Ce nouveau char de combat est très *puissant*.

Armee

- L'*armée* est venue aider les pompiers après la tempête.
- En France, le service *militaire* n'est plus obligatoire.
- Il est devenu *officier* de la marine nationale.
- Le commandant a demandé à ses *troupes* de se préparer.

Verteidigung

- Le chef *a commandé* aux *soldats* d'attaquer l'*ennemi*.
- Le peuple a pris les *armes* pour *défendre* ses droits.
- Qui est nommé Ministre de la *Défense*?
- Le général a donné l'*ordre* à ses *troupes* de se retirer.

Krieg und Frieden

- Longtemps, la France et l'Angleterre ont été *ennemies*.
- La *Guerre* de Cent ans a duré plus de cent ans.
- Les deux pays ont signé un traité de *paix*.
- Les *autorités* ont fermé les frontières.

A Das Militär. Füllen Sie das Kreuzworträtsel aus.

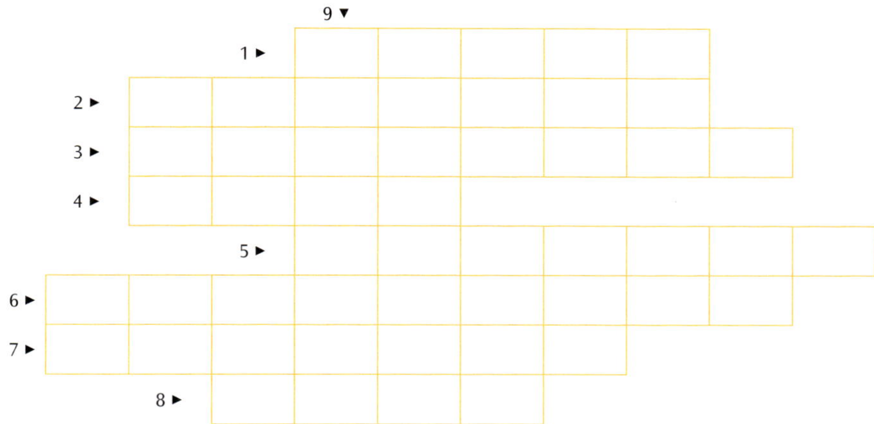

1 Quand on commande, on donne un …
2 Qui est Ministre de la … ?
3 Certains sports nous apprennent à nous …
4 C'est le contraire de «la guerre».
5 Une lutte, c'est aussi un …
6 En France, on ne fait plus de service … obligatoire.
7 Longtemps l'Allemagne a été l' … de la France.
8 L' … nucléaire est très puissante.
9 Un grade dans l'armée.

B Wortfelder. Welche Wörter passen nicht?

1 commander – camp – ordre
2 paix – conflit – lutte
3 militaire – armée – puissant

C Bei der Armee. Ergänzen Sie die Lücken.

camp ▪ défense ▪ troupes ▪ autorité

1 Le général a développé une nouvelle stratégie de ________________ .
2 Le général a demandé des ________________ supplémentaires pour défendre les frontières.
3 La résistance s'est organisée contre l'________________ abusive des dirigeants.
4 L'armée a installé son ________________ sur ce terrain.

D Assoziationen. Finden Sie die Wörter für folgende Definitionen.

1 Ce n'est pas un ami. ________________
2 une période de conflits armés ________________
3 On s'en sert pour combattre et pour se défendre. ________________

E Und bei Ihnen? Beantworten Sie die Fragen.

1 Connaissez-vous des luttes célèbres dans l'Histoire? Lesquelles? Que s'est-il passé?
2 Quelles sont les guerres actuelles qui vous touchent le plus? Racontez la situation.

Industrie

- Cette entreprise s'est installée dans une zone *industrielle*.
- Ce pays exporte une partie de sa *production* de gaz naturel.

De plus en plus de jouets *sont fabriqués* en Chine.

Wirtschaft

- Le gouvernement prévoit une légère *croissance* au dernier trimestre.
- Le ministre de l'*Économie* a annoncé son plan de réformes.
- Le retard *économique* de ce pays est un problème.
- Le *système* monétaire européen est basé sur l'euro.

L'*industrie* automobile française se porte bien.

Investition

- Si vous faites des travaux de rénovation, vous pouvez *bénéficier* d'une réduction d'impôts.
- Il a rajouté 500.000 € au *capital* de son entreprise.
- Ses *investissements* dans l'art lui ont rapporté beaucoup d'argent.
- On ne peut pas créer son entreprise sans *fonds* personnels.

Konsum

- Le gouvernement veut relancer la *consommation* des Français.
- Il travaille au service des *exportations*.
- Cette entreprise continue son *expansion* en rachetant ses concurrents.
- Les *statistiques* indiquent une baisse de la *consommation* des Français au premier trimestre.

Cet agriculteur *produit* principalement des céréales.

A Die Wirtschaft. Füllen Sie das Kreuzworträtsel aus.

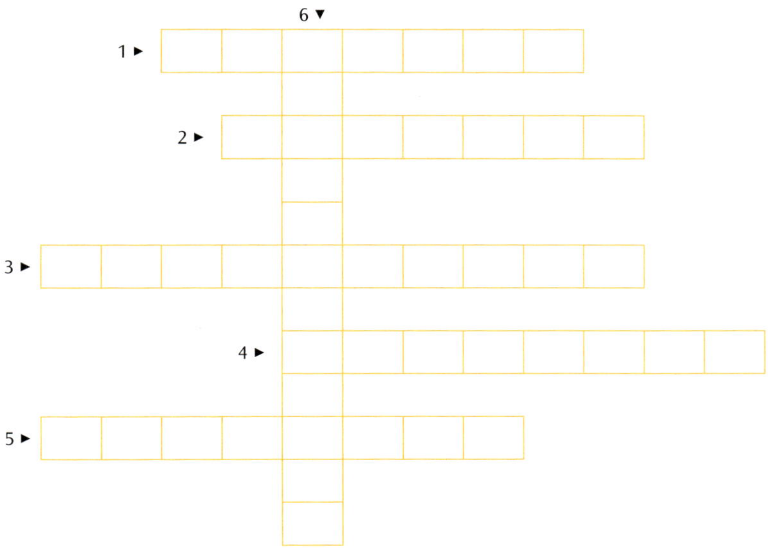

1 L'économie française est basée sur le … capitaliste.
2 Cette entreprise a ouvert une partie de son …
3 Ce qui a rapport à l'industrie.
4 placer son argent
5 créer, fabriquer
6 Les … du chômage n'ont pas encore été publiées.

B Wortfelder. Welche Wörter passen nicht?

1 fabriquer – exportation – produire
2 industrie – capital – fonds
3 croissance – investissement – expansion

C Gewerbe. Ergänzen Sie die Lücken.

bénéficié ▪ exportations ▪ fabriquer ▪ consommation ▪ économiques ▪ production

1 Nous vivons dans une société de ________________.
2 L'entreprise a arrêté de ________________ ce produit car les ventes n'étaient pas suffisantes.
3 Il veut se spécialiser dans la ________________ de fruits bio.
4 L'euro est trop cher, ce n'est pas bon pour les ________________ européennes.
5 Le gouvernement a pris des mesures ________________ pour réduire le déficit.
6 Malheureusement, ces investissements n'ont pas ________________ à cette entreprise.

D Assoziationen. Finden Sie die Wörter für folgende Definitionen.

1 l'argent placé pour démarrer une entreprise ________________________
2 la croissance ________________________
3 l'action de consommer ________________________

E Und bei Ihnen? Beantworten Sie die Fragen.

1 Connaissez-vous bien l'économie de votre pays? Donnez quelques exemples.
2 À votre avis, comment est-il plus facile de gagner de l'argent?

Im Gericht

l'*avocate* (f.)

le *juge*

le *tribunal*

la *justice*

Urteil

- *Juger*, c'est décider; déterminer qui est responsable, c'est arbitrer.
- Un *jugement* est une décision de *justice*.
- Une *peine* est une condamnation, une punition, souvent il s'agit d'une *peine* de prison.
- Les *avocats* ont interrogé les *témoins*.
- Cet homme est *accusé* de vol.

Erlaubt und verboten

- Il a fait des études de *droit* international.
- Il y a une nouvelle *loi* contre le racisme.
- Chaque société a ses *règles*.
- En voiture, on est *obligé* d'attacher sa ceinture.

Rund um die Justiz

- Son *avocat* a apporté la *preuve* de son innocence.
- Qu'est-ce qui *prouve* que vous avez raison?
- Tout le monde a *droit* à un *jugement juste*.
- La *justice* va étudier le *cas* de cette famille.

A Das Recht. Finden Sie im Gitter acht Wörter des Kapitels.

A	C	C	U	S	E	R	P	P
L	E	G	O	L	I	T	G	R
T	R	I	B	U	N	A	L	E
J	U	D	I	I	A	I	T	V
J	U	D	T	E	M	O	I	N
P	N	S	R	J	U	R	M	E
E	A	C	T	O	B	L	L	G
I	N	A	J	I	I	V	O	C
N	D	S	O	T	L	T	I	O
E	P	E	I	R	E	G	L	E

B Wortfelder. Welche Wörter passen nicht?

1 justice – obligé – jugement
2 règle – loi – cas
3 loi – preuve – témoin
4 peine – juger – accuser

C Gerichtsverfahren. Ergänzen Sie die Lücken.

témoin ▪ avocat ▪ preuves ▪ règles ▪ tribunal

1 Son procès aura lieu au ________________ de Dijon.

2 Pour sa défense, il a choisi le meilleur ________________.

3 Il n'y avait aucun ________________ au moment du crime.

4 Sur la route, il y a des ________________ de circulation à respecter.

5 On a accusé cet homme sans ________________.

D Wortverwandtschaften. Finden Sie die Substantive für folgende Verben.

1 juger ________________

2 prouver ________________

3 juste ________________

E Und bei Ihnen? Beantworten Sie die Fragen.

1 Qu'est-ce qui n'est pas juste à votre avis?
2 Qu'est-ce qu'on est obligé de faire dans notre société? Donnez des exemples.
3 Est-ce que vous faites confiance à la justice de votre pays?

Jahreszeiten

Les quatre saisons

l'*été* (m.)

l'*automne* (m.)

l'*hiver* (m.)

le *printemps*

Datum

la *date*

le *jour*

la *nuit*

- Cette *année*, nous partons en vacances au Canada.
- Son bébé dort très peu dans la *journée*.
- Je viens te voir la *semaine* prochaine.
- Nous sommes partis en voyage le *lendemain* de notre mariage.
- Il part à l'étranger pour plusieurs *mois*.
- Nous avons dîné ensemble la *veille* de son départ.

Zeitangaben

- *Autrefois*, les femmes n'avaient pas le droit de vote.
- Vite, le film a *déjà* commencé.
- Les pompiers sont arrivés *immédiatement* sur le lieu de l'incendie.
- L'*avenir* de cette entreprise n'est pas certain.
- Quelle est la *durée* du film?
- Nous rentrons en France à la *fin* du *mois*.
- Au *début* de leur mariage, ils habitaient dans un petit appartement.
- Quel *moment* du film as-tu préféré?
- *Soudain*, l'orage a éclaté.
- Je suis arrivé trop *tard*, le train était parti.
- Je me suis levée très *tôt* ce *matin* pour aller courir dans le parc.

Tageszeiten

- Une *heure* a 60 *minutes*.

le *matin*

l'*après-midi* (m.)

le *soir*

A Verkehrte Welt. Korrigieren Sie die Sätze.

1 C'est au printemps que les jours diminuent.
2 Cette infirmière ne travaille pas de journée, seulement de semaine.
3 Il est arrivé plus tard que prévu, son train avait de l'avance.
4 Je m'absente une durée.
5 Déjà, le téléphone a sonné!

B Die Zeit. Finden Sie im Gitter elf Wörter des Kapitels.

P	R	E	T	U	I	O	P	L	H
H	R	H	J	I	J	O	U	R	J
M	J	I	L	T	R	A	V	C	U
O	N	V	N	H	E	U	B	F	N
I	T	E	U	T	I	T	O	I	M
S	D	R	I	U	E	O	L	N	V
E	D	A	T	E	C	M	P	M	C
S	T	N	S	T	V	N	P	N	S
D	O	A	D	E	B	E	N	S	D
C	T	U	R	U	A	Z	U	I	R
V	S	A	Z	D	F	D	J	L	T

C Momente. Ergänzen Sie die Lücken.

été ▪ soir ▪ date ▪ année ▪ automne ▪ moment

1 Au premier janvier, on se souhaite la bonne __________________.

2 C'est à l'__________________ que les couleurs sont les plus belles.

3 Qu'est-ce qu'il y a à la télévision ce __________________?

4 Nous partons toujours à la plage à l' __________________.

5 Quelle est la __________________ de votre mariage?

6 Au __________________ de partir, je n'ai plus retrouvé mes clés.

D Assoziationen. Finden Sie die passenden Wörter.

1 le jour d'après
2 les mois où il fait chaud
3 il y a très longtemps
4 tout de suite, très vite

a été
b autrefois
c immédiatement
d lendemain

E Und bei Ihnen? Beantworten Sie die Fragen.

1 Quelle est votre saison préférée? Pourquoi?
2 Comment s'organise votre journée en général?
3 Comment voyez-vous votre avenir?

Gestern und heute

- Aujourd'hui, nous sommes lundi, *demain* nous serons mardi.
- C'est *maintenant* qu'il faut agir, pas *demain*!
- Ce pays traverse *actuellement* une crise économique.
- La neige est fraîche, il a neigé *récemment*.
- Il faut vivre dans le *présent*, et non dans le *passé*.
- Cette montre est très *ancienne*, elle était à mon grand-père.
- Nous habiterons *désormais* toute l'année dans la maison de vacances.

Oft oder nie

- Je n'ai *jamais* voyagé en Asie.
- Il est *parfois* difficile de dire la vérité.
- Je fais du sport de façon *régulière*, tous les mardis.
- Je le vois *souvent* au supermarché le week-end.
- Il faut *toujours* rester optimiste.
- Leur réunion *annuelle* aura lieu en juillet cette année.

Zuerst und danach

- Au revoir et à *bientôt*!
- Il a d'*abord* écrit à Julie, *ensuite*, il lui a téléphoné. *Enfin*, il est passé la voir.
- Nous en parlerons une *prochaine* fois.
- Le *futur* président aura beaucoup de travail.
- Il regrette le temps *passé*.
- Le film est *fini*, nous pouvons sortir.

Kurz und lang

- Il a rendu une *brève* visite à sa grand-mère.
- Il vaut mieux faire les choses *lentement*, mais sûrement!
- J'ai habité *longtemps* en Australie, plus de 15 ans.
- Cette situation n'est pas *permanente*, elle va évoluer.
- Appelle-moi et je viendrai *aussitôt*.

A Zeitangaben. Finden Sie im Gitter sieben Wörter des Kapitels.

I	E	N	T	O	I	H	J	E
E	N	F	I	N	N	I	A	S
N	S	U	I	T	F	J	M	P
R	P	I	E	R	E	D	A	R
I	S	P	A	R	F	O	I	S
B	J	O	R	D	F	I	S	C
R	E	C	U	E	J	O	U	O
E	U	L	E	V	S	T	S	C
F	R	M	A	N	E	E	T	E
N	S	U	I	T	E	N	N	T
E	N	S	U	I	T	E	T	T

B Verkehrte Welt. Korrigieren Sie die Sätze.

1 Récemment, tout le monde aura un portable.
2 Pour la réunion actuellement, vous préparerez les dossiers.
3 Son grand-père est mort fini.
4 Tu avances trop longtemps. Dépêche-toi un peu.

C Angelegenheiten. Ergänzen Sie die Lücken.

d'abord ▪ aussitôt ▪ ancien ▪ permanente ▪ longtemps

1 Cette couleur n'est pas ____________________, elle part au lavage.

2 Avant de rentrer dans la maison, il faut ____________________ enlever vos chaussures.

3 Je n'ai pas dormi assez ____________________, je suis encore fatiguée.

4 Quel est l'____________________ nom de l'île de la Réunion?

5 Nous sommes partis ____________________ la fête terminée.

D Assoziationen. Finden Sie die passenden Wörter.

1 tous les ans
2 à présent
3 toujours
4 prochain
5 à partir de maintenant

a maintenant
b annuel
c bientôt
d aussitôt
e régulier

E Und bei Ihnen? Beantworten Sie die Fragen.

1 Décrivez votre journée d'aujourd'hui.
2 Que faites-vous de façon régulière?
3 Qu'est-ce que vous allez faire demain?

Zahlen

les *chiffres* (m. pl.)

les *nombres* (m. pl.)

la *somme*

le *taux*

- Tu habites au quel *numéro* dans cette rue?
- Quelle est la *moyenne* d'âge des participants?

Größen

- Je n'ai pas pris les *dimensions* de notre table avant d'acheter la nappe.
- Il me manque une *mesure* pour finir cette robe.
- «Quelle *taille* fais-tu?» – «Du 40.»

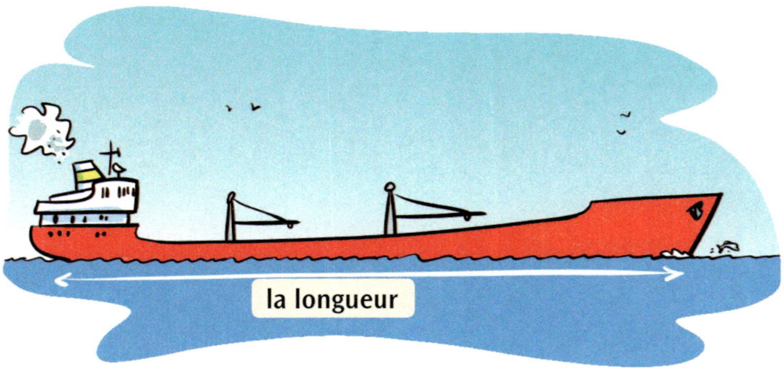

Mengen

- C'est le parti conservateur qui a gagné la *majorité* des sièges aux élections.
- On ne m'a livré qu'une *partie* de ma commande.
- Quelle *quantité* de viande hachée désirez-vous?
- C'est moi qui finis le *reste* de soupe.
- Les États-Unis et l'Europe n'ont pas les mêmes *unités* de *mesure*.

Fläche und Maße

- En physique, nous étudions la *masse* des objets.
- Donne-moi le *maximum* d'informations pour que je puisse te retrouver facilement.
- Jean a perdu du *poids* pendant les vacances.
- Ces deux verres sont différents mais ils ont le même *volume*.

A Mengen. Füllen Sie das Kreuzworträtsel aus.

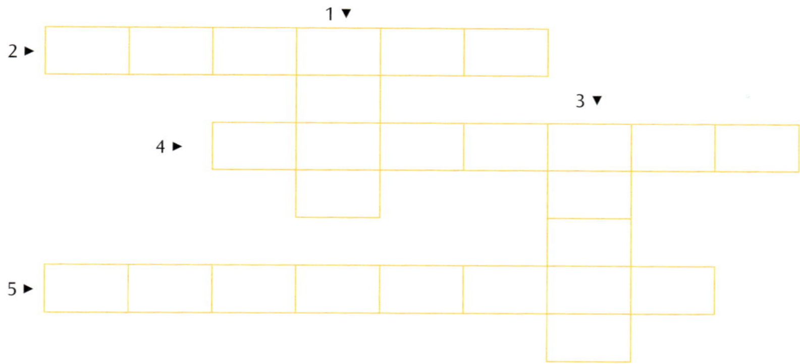

1 Un rapport sur cent.
2 Un morceau d'un ensemble.
3 Ce qui est laissé, à la fin.
4 Les nôtres sont bons, si on gagne au loto.
5 Le plus grand nombre.

B Verkehrte Welt. Korrigieren Sie die Sätze.

1 Un nombre est formé de deux mesures.
2 Le volume d'une personne se mesure en mètre.
3 Une masse est une dimension.

C Aspekte. Ergänzen Sie die Lücken.

moyenne ▪ somme ▪ quantités ▪ poids

1 Je n'ai pas encore fait la ________________ de mes dépenses des vacances.

2 Est-ce que tu as la recette de ce gâteau? Je ne connais pas les ________________ pour le faire.

3 Pour avoir le bac, il faut avoir une ________________ de 10 sur 20.

4 Je fais attention à mon ________________ pour rester mince.

D Definitionen. Finden Sie die passenden Wörter.

1 la longueur de quelque chose ________________

2 la masse d'un corps ________________

3 le litre, le mètre, le kilo ________________

4 la plus grande partie possible ________________

E Und bei Ihnen? Beantworten Sie die Fragen.

1 Quelle est votre taille et quel est votre poids?
2 Connaissez-vous la surface de votre maison ou appartement?

Viel und zu viel

- Il a invité *beaucoup* de monde à sa fête.
- Le monde *entier* connaît cette chanson.
- On parle de naissances *multiples* quand il s'agit de jumeaux ou *plus*.
- Ses amis étaient *nombreux* au rendez-vous.
- J'ai vu ce film *plusieurs* fois.
- *Tout* le monde parle de ce film, je suis allé le voir aussi.
- J'ai *trop* mangé, j'ai mal au ventre.

Mehr oder weniger

- Cette entreprise veut *accroître* son rendement.
- Il fait *plus* chaud en Corse qu'à Paris.
- L'essence ne sera pas *moins* chère dans les années à venir.
- Il m'a *encore* appelé pour que je l'aide.

Cette bouteille *contient* *moins* d'un litre de vin.

Il faut *réduire* ta quantité de sucre pour que le gâteau soit meilleur.

Genug und wenig

- Je n'ai pas *assez* dormi, j'ai *encore* sommeil.
- Marco a dix ans et *demi*.
- Il sort *peu* depuis qu'il est malade.
- Il n'a que *quelques* amis sur qui il peut compter.
- Mes économies ne *suffisent* pas pour faire ce voyage.
- Tu n'as pas mis la quantité *suffisante* de farine dans ton gâteau.

Eins oder keins

- Je n'ai eu *aucun* problème pour trouver ta maison.
- Il habite *seul* avec ses chats.
- Ce restaurant sert *uniquement* le soir.
- Élodie est fille *unique*.
- Les placards sont *vides*, il faut faire les courses!

A Quantität. Finden Sie im Gitter zehn Wörter des Kapitels.

S	E	R	B	T	Z	U	I	O	C
U	P	F	E	R	D	E	M	I	V
F	L	L	A	E	S	N	M	V	B
F	U	S	U	A	D	C	J	I	N
I	S	D	C	S	F	O	G	D	M
S	N	C	O	S	I	R	H	E	L
A	H	V	U	J	Z	E	D	G	J
N	G	D	P	E	U	E	U	F	L
T	F	E	M	O	I	N	S	R	N
S	D	A	S	S	E	Z	J	I	S
A	E	R	T	U	H	J	M	L	U

B Wortfelder. Welche Wörter passen nicht?

1 plus – demi – encore
2 unique – plusieurs – multiple
3 suffisant – assez – trop
4 vide – accroître – plus

C Mengen. Ergänzen Sie die Lücken.

uniquement ▪ seul ▪ contient ▪ peu ▪ encore

1 Il reste très ________________ de fromage, tu veux que j'en achète?

2 Je fais mes courses d'alimentation ________________ chez les petits commerçants.

3 C'est un champion, il a ________________ gagné la course.

4 Je voudrais une chambre pour moi ________________!

5 Qu'est-ce que ________________ cette boîte?

D Gegensätze. Ordnen Sie zu.

1 moins
2 nombreux
3 accroître
4 assez

a peu
b réduire
c trop
d plus

E Und bei Ihnen? Beantworten Sie die Fragen.

1 De quoi avez-vous beaucoup et pas assez? Donnez plusieurs exemples.
2 À votre avis, est-il possible de réduire certaines choses dans notre vie? Donnez des exemples.

Zahlen

0 = zéro, 1 = un, 2 = deux, 3 = trois, 4 = quatre, 5 = cinq, 6 = six, 7 = sept, 8 = huit, 9 = neuf

Maße

le *kilogramme*

la *tonne*

le *mètre*

le *kilomètre*

Ungefähr

- Nous avons bu la *moitié* de cette bouteille.
- Les œufs sont souvent vendus par *douzaines*.
- Mon frère possède une *centaine* de DVD.
- La *plupart* de ses amis habitent en ville.

A Assoziationen. Finden Sie die passenden Wörter.

1 0.5 ____________________

2 rien ____________________

3 environ 12 ____________________

4 presque tous ____________________

B Rätsel. Finden Sie die passenden Zahlen.

63 millions ▪ 6,6 milliards ▪ quatre mille cinq cents ▪ vingt millions ▪ deux cent vingt

1 la construction de la grand pyramide de Cheops en Égypte ▸ il y a ____________________ ans

2 Les dinosaures ont disparu. ▸ il y a ____________________ d'années

3 la population de la terre ▸ environ ____________________ d'habitants

4 le prix d'un voyage dans l'espace pour un touriste ▸ environ ____________________ de dollars

5 la révolution française ▸ il y a____________________ ans

C Maße. Ergänzen Sie die Lücken.

kilomètres ▪ mètres ▪ cinq ▪ kilogrammes ▪ zéro

1 Je n'habite pas loin de chez mes parents, seulement à 500 ____________________.

2 Nous partons toujours en randonnée l'été, nous faisons beaucoup de ____________________ à pied.

3 Nous avons ____________________ doigts sur chaque main.

4 «Combien pesez-vous?» – «55 ____________________.»

5 Il gèle à ____________________ degrés Celsius.

D Richtig oder falsch? Korrigieren Sie die Sätze.

1 dix + dix = trente ____________________
2 trois + quatre = huit ____________________
3 cinquante + cinquante = cent ____________________
4 cinquante – vingt = vingt ____________________
5 dix – deux = six ____________________
6 trois x trois = trente ____________________

E Und bei Ihnen? Beantworten Sie die Fragen.

1 Quel est votre âge? Et celui de vos enfants ou parents?
2 Combien d'habitants y a-t-il dans votre ville? Et dans votre pays?
3 À quelle distance se trouve votre lieu de travail / d'étude de votre domicile?

Eigenschaften

- Le portable est devenu *indispensable* dans notre vie.
- Cette fiche résume les éléments *essentiels* de l'ordinateur.
- C'est un outil pour un usage *général*.
- Mes parents habitent dans la rue *principale* du village.
- On dit que les droits de l'homme sont *universels*.

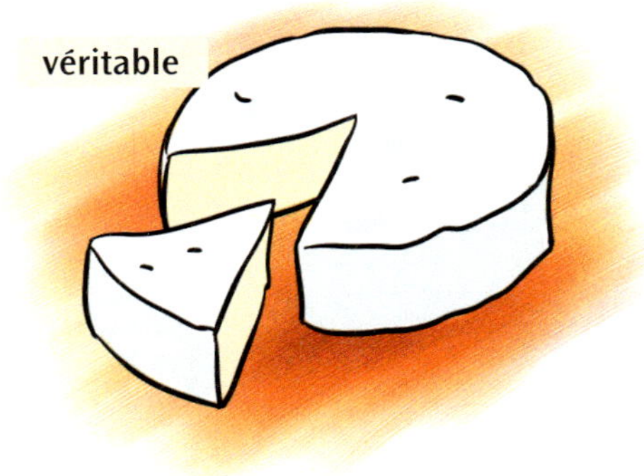

Le *véritable* camembert vient de Normandie.

C'est une peinture très *spéciale*.

Art und Weise

- Quelles sont les *caractéristiques* de cet ordinateur?
- Je n'aime pas sa *façon* de travailler.
- De quelle *manière* penses-tu réussir?
- Par quel *moyen* a-t-il découvert notre secret?
- Sa patience n'a pas de *limite*!
- Le concert était complet, mais ils ont fait une *exception* pour cette dame.
- Toute cette histoire n'a plus d'*importance* maintenant.

Ideal

- Ces températures sont *exceptionnelles* pour la saison.
- Les Durand ont fait d'*importants* travaux dans leur maison.
- Jean va *mieux* depuis qu'il prend ses médicaments.
- Nous l'avons écouté chanter dans un *parfait* silence!
- Notre chambre d'hôtel n'est pas *prête*, nous devons encore attendre.

Negativ

- La *curiosité* est-elle un défaut?
- Ma fille a très *mauvais* caractère.
- Quel est le *pire* ennemi de l'homme?
- Connaissez-vous le *terrible* Barbe Bleue?
- En Sibérie, il fait un froid *extrême* en hiver.

A Definitionen. Ordnen Sie zu.

1	un synonyme de «façon»	a	essentiel
2	le plus important	b	manière
3	qui est affreux, horrible	c	principal
4	indispensable	d	terrible

B Eigenschaften. Finden Sie im Gitter neun Wörter des Kapitels.

E	E	R	P	I	R	E	I	U
X	S	G	H	F	A	C	O	N
T	P	S	G	H	L	J	O	I
R	E	C	E	B	N	M	L	V
E	C	A	N	N	V	C	N	E
M	I	S	E	N	T	M	P	R
E	A	E	R	B	U	I	R	S
C	L	R	A	E	O	E	E	E
Q	U	U	L	R	P	U	T	L
A	S	D	E	R	L	X	D	S

C Ereignisse. Ergänzen Sie die Lücken.

générale ▪ défauts ▪ moyen ▪ exception ▪ caractéristiques

1 Claire et Laurent veulent trouver un ________________ de voyager à petit prix.

2 L'hiver a été très doux cette année, c'est une ________________.

3 Ces deux moteurs n'ont pas les mêmes ________________.

4 «Avez-vous des ________________?» – «Non, je suis parfait!»

5 Il y a une grève ________________ des transports publics aujourd'hui.

D Verkehrte Welt. Korrigieren Sie die Sätze.

1 Quand il pleut, un parapluie, c'est <u>spécial</u>.
2 Le temps est trop <u>parfait</u>, on ne peut pas sortir aujourd'hui.
3 L'avion est <u>pire</u> à décoller.
4 Quelle est <u>l'importance</u> à ne pas dépasser?

E Und bei Ihnen? Beantworten Sie die Fragen.

1 De quelle façon travaillez-vous?
2 Qu'est-ce qui est le pire pour vous?
3 Quels défauts ne supportez-vous pas?
4 Décrivez une situation idéale.

Orte

- J'ai mis ces documents dans un *endroit* sûr.
- Ils ont fait une extension à leur maison car ils avaient besoin de plus d'*espace*.
- Le contrôleur aérien connaît la *position* exacte de l'avion.
- Les Français n'ont pas besoin de visa pour entrer sur le *territoire* canadien.
- Ce livre contient des cartes de l'*univers*.
- Le gouvernement a créé une *zone* démilitarisée dans le sud-est du pays.

Darunter und unten

- Il y a un miroir *au-dessus* du lavabo.
- Les enfants couraient *autour* de la maison.
- Il y a une boulangerie en *bas* de mon immeuble.
- Ils ont refait l'*extérieur* de leur maison.
- Il est resté à l'*intérieur* de la voiture pour me parler.
- Tu as lancé la balle trop *haut*.

Außerhalb

- L'été dernier, nous étions en Espagne, cet été, nous irons *ailleurs*.
- Ne t'approche pas du *bord*, tu pourrais tomber.
- Pour fumer, il faut aller *dehors*.
- Sa fortune est *immense*, il est milliardaire.
- Ils ont fait pousser des tomates sur toute la *surface* du jardin.
- Il a creusé un trou peu *profond* pour planter l'arbre.
- Au Canada, il y a de *vastes* territoires qui sont peu peuplés.

Nah und fern

- Cette famille n'habite plus *ici*. Elle a déménagé.
- Cette année, je ne veux pas partir *loin* pour les vacances.
- Nous emmenons notre chien *partout* avec nous.
- Nantes est une ville *proche* de l'océan Atlantique.
- Vous habitez à *côté* du parc?

A Räumliche Einteilungen. Finden Sie im Gitter elf Wörter des Kapitels.

E	N	D	R	O	I	T	A	S	L	I	I	O	P	L
V	S	S	D	E	S	U	P	R	O	C	H	E	U	Z
Z	A	P	F	D	A	P	I	R	I	I	S	D	H	O
B	A	S	A	U	T	O	U	R	N	U	C	F	J	N
U	L	B	T	C	V	B	N	C	O	T	E	L	N	E
I	J	N	C	E	E	L	M	P	R	O	F	O	N	D

B Wortfelder. Welche Wörter passen nicht?

1 surface – territoire – extérieur
2 bord – dehors – extérieur
3 vaste – autour – immense
4 ici – proche – loin

C Assoziationen. Finden Sie die passenden Wörter.

1 J'habite à cinq minutes de la faculté. ___________________

2 Je voudrais partir, voir autre chose. ___________________

3 On voit de la publicité pour ce film sur tous les murs, tous les bus, dans tous les magazines. ___________________

4 J'adore observer les étoiles et les planètes. ___________________

5 Les enfants vont jouer dans le jardin. ___________________

D Orte. Ergänzen Sie die Lücken.

ici ▪ endroit ▪ territoire ▪ zone ▪ espace ▪ côté

1 Est-ce que tu peux nager de l'autre ___________________ du lac?

2 Nous avons trouvé l'___________________ idéal pour pique-niquer.

3 À Paris, il n'y a pas beaucoup d' ___________________.

4 Viens ___________________, s'il te plaît.

5 Ce magasin se trouve dans la ___________________ industrielle.

6 Les animaux sauvages n'aiment pas qu'on vienne sur leur ___________________.

E Und bei Ihnen? Beantworten Sie die Fragen.

1 Comment situez-vous votre maison ou appartement par rapport à la ville, aux commerces, à votre travail et à l'école?
2 Quel est l'endroit que vous préférez? Pourquoi?

Farben

Farbeigenschaften

- Tu fais développer tes photos en mat ou en *brillant*?
- Il n'y a aucun *colorant* dans ces bonbons, ils sont entièrement naturels.
- Elle n'aime pas les *couleurs* vives, elle préfère le *noir* et le *gris*.

Formen

- Ils ont acheté une lampe en *forme* de fleur.
- J'ai un lit *carré*, de deux mètres sur deux.
- Un dé a six *faces*.
- J'aime bien les *motifs* de ta robe.
- Pour poser cet objet, j'ai besoin d'une grande surface *plate*.

Punkt und Linie

- Nous habitons au *bout* de ce chemin.
- Je cherche une étagère pour mettre dans ce *coin*.
- Pour faire des statistiques, on travaille avec des *courbes* et des graphiques.
- Son muret est mal fait, il n'est pas *droit*.
- Sur la route, il ne faut pas doubler quand la *ligne blanche* est continue.
- Les pixels sont les *points* qui *forment* les photos numériques.
- Quand tu as fini un exercice, tire un *trait* avant de commencer le suivant.

A Das Farbspektrum. Finden Sie im Gitter zehn Wörter des Kapitels.

B	L	E	U	R	E	J	B	R	I	L	L	A	N	T
S	C	D	F	G	H	J	A	L	N	M	J	V	G	B
Q	R	O	U	G	E	S	A	U	X	C	N	B	R	L
V	E	R	T	H	G	F	D	S	N	A	C	B	I	A
T	U	N	O	I	R	C	O	U	L	E	U	R	S	N
I	O	P	L	M	F	O	R	M	E	R	N	O	P	C

B Verkehrte Welt. Korrigieren Sie die Sätze.

1 En général, les panneaux « Stop » sont noirs.
2 Au printemps, tout redevient gris.
3 La neige a recouvert notre maison de bleu.
4 Pour ce pull, il y a le choix entre plusieurs colorants.
5 Leur chalet a la face d'un triangle.

C Definitionen. Finden Sie die passenden Wörter.

1 On en met un sur les i.
2 un cube en a quatre
3 Il sert à apporter de la couleur à certains aliments.
4 Un terrain uniforme est …

a faces
b colorant
c point
d plat

D Farben und Formen. Ergänzen Sie die Lücken.

lignes ▪ brillante ▪ trait ▪ jaunes ▪ bout

1 Quand ils naissent, les poussins sont ________________ .
2 Je ne vois pas le ________________ de ce tunnel.
3 On écrit sur des ________________ quand on apprend l'écriture.
4 Cette peinture noire est trop ________________ , elle ne me plaît pas.
5 Une ligne, c'est un ________________ .

E Und bei Ihnen? Beantworten Sie die Fragen.

1 Quelle est votre couleur préférée?
2 Décrivez les couleurs des vêtements que vous portez actuellement.

Gemeinsamkeiten

- Moi *aussi*, j'ai le CD de ce chanteur.
- Pierre et moi avons un ancêtre *commun*.
- Les deux sœurs se *ressemblent* beaucoup.
- Cette caravane est *semblable* à la nôtre.
- Je viens à la fête et Sophie *également*.
- Nous avons les *mêmes* goûts.

Unterschiede

- Tu peux garder cette clé, j'en ai une *autre* à la maison.
- «Il t'aime?» – «Au *contraire*, il me déteste!»
- Je trouve qu'il y a une *différence* de goût entre ces deux brioches.
- Leurs enfants adoptifs sont d'origines *différentes*.
- Camille et Francis viennent de deux milieux *opposés*.
- Le match *oppose* deux joueurs très talentueux.

Jean et Julien sont des jumeaux.
Ils se *ressemblent* beaucoup.

Pierre et Pascal sont frère et sœur
mais ils sont très *différents*.

Vergleiche

- J'*ai comparé* les prix dans plusieurs magasins, celui-là est le moins cher.
- Je n'ai pas *autant* de travail que mon collègue.
- Les taux de chômage dans ces pays sont *égaux*.
- Mon grand-père se plaint que la vie aujourd'hui n'est plus *pareille* à autrefois.
- Je n'ai jamais vu un *tel* spectacle!

Diverses

- Il ne faut pas *mêler* vie privée et vie professionnelle.
- On *associe* toujours Laurel avec Hardy.
- Pour *diverses* raisons, Stéphanie ne viendra pas ce soir.

A Gegenüberstellungen. Finden Sie im Gitter neun Wörter des Kapitels.

A	U	S	S	I	C	V	B	D	E	Z	M	H	G	D
A	U	L	C	O	N	T	R	A	I	R	E	J	L	P
S	J	T	O	S	A	U	T	A	N	T	M	Q	U	O
D	T	U	R	R	T	Z	U	I	O	P	E	G	A	L
F	E	F	S	E	M	B	L	A	B	L	E	A	S	C
G	L	V	U	T	D	I	V	E	R	S	V	B	N	M

B Verkehrte Welt. Korrigieren Sie die Sätze.

1 J'aime beaucoup tes chaussures, j'en cherche des opposés.
2 Les Français ont perdu le match qui les associait aux Anglais.
3 L'enfant a eu une même peur qu'il n'arrêtait pas de pleurer.
4 Nous n'avons jamais eu pareil de pluie que cette année.

C Definitionen. Finden Sie die passenden Wörter.

1 un synonyme de «mélanger»
2 qui appartient aussi bien à l'un qu'à l'autre
3 avoir beaucoup de points communs
4 ce qui est pareil

a se ressembler
b mêler
c commun
d égal

D Unterschiede. Ergänzen Sie die Lücken.

contraire ▪ autre ▪ aussi ▪ différente ▪ différence

1 Le bus passe à 14h05; mais on peut ____________ prendre le métro.
2 Quelle est la ____________ entre un PC et un Mac?
3 Il avait tellement faim qu'il a commandé un ____________ plat.
4 Quel est le ____________ de «beau»?
5 Ils ne se comprennent pas, ils parlent une langue ____________.

E Und bei Ihnen? Beantworten Sie die Fragen.

1 Comparez votre pays et la France. Qu'est-ce qui est différent? Qu'est-ce qui est commun?
2 Avez-vous des frères ou des sœurs? Vous ressemblez-vous? Ou êtes-vous différents?

Reihenfolge

- Tu as vu le *dernier* film d'Olivier Assayas?
- Pendant notre *précédente* visite à Paris, nous avons visité le musée du Louvre.
- Je ne suis pas là la semaine prochaine, nous nous verrons la semaine *suivante*.
- Avant de rentrer en classe, les enfants doivent se tenir en *rang*.
- Leurs problèmes sont *secondaires* par rapport aux vôtres.
- Nous allons d'abord à Bordeaux *puis* à Biarritz.

Der Erste, Zweite und Dritte

Häufigkeit

- Il ne m'a pas regardé une seule *fois* de la soirée.
- Je déjeune *généralement* vers 13h00.
- Il a l'*habitude* de lire son journal tous les matins.
- Ce professeur a donné une *série* de conférences dans le monde entier.
- D'*ordinaire*, il arrive tôt au travail.

Selten und häufig

- Il faut profiter *davantage* de la vie, elle est trop courte.
- Ce groupe a sorti un *double* album.
- Il est *rare* que la foudre tombe deux *fois* au même endroit.
- Je *ne* peux venir *que* le lundi soir ou le mardi midi.
- Le magasin est ouvert *seulement* les après-midis.

A Wortfelder. Welche Wörter passen nicht?

1 premier – davantage – deuxième – troisième
2 rare – ordinaire – habitude – généralement
3 série – rare – seulement – ne ... que
4 dernier – suivant – double – premier

B Assoziationen. Verbinden Sie die Wörter.

1 secondaire
2 précédent
3 seulement
4 généralement

a suivant
b deuxième
c habitude
d ne ... que

C Abfolgen. Finden Sie im Gitter acht Wörter des Kapitels.

E	R	S	E	R	I	E	J	L
F	G	T	Z	P	U	I	O	P
U	D	Y	V	N	U	N	H	M
H	E	A	D	S	F	I	G	D
P	R	E	M	I	E	R	S	O
L	N	B	S	D	H	A	I	U
N	I	E	F	F	G	R	U	B
F	E	S	A	E	B	E	H	L
D	R	A	N	G	V	C	S	E
S	U	I	V	A	N	T	F	G

D Geschehnisse. Ergänzen Sie die Lücken.

puis ▪ seulement ▪ troisième ▪ suivante ▪ deuxième

1 Mon chat sort ________________ quand il fait beau.
2 Richard est arrivé ________________, à cinq secondes du gagnant.
3 Ils ont deux garçons de cinq et trois ans, leur ________________ enfant, une fille, a un an.
4 Dans l'émission ________________, l'invité sera Zinedine Zidane.
5 Les portes se sont fermées, ________________ le train est parti.

E Und bei Ihnen? Beantworten Sie die Fragen.

1 Classez vos trois artistes ou livres préférés par ordre croissant.
2 Parlez de vos habitudes en général.

Schicksal

- J'ai retrouvé ma montre par *hasard* en faisant le ménage.
- Le *sort* de ces personnes dépend de la décision du juge.
- Le destin de cette femme est *extraordinaire*.
- Elle pense s'installer au Japon dans le *futur*.
- Il est *nécessaire* de boire un litre d'eau par jour.
- L'eau est un produit de première *nécessité*.

Risiko

- Je n'ai pas encore eu l'*occasion* de voir ce film.
- Elle a pris le *risque* de conduire sans permis.
- Cet homme *risque* la prison pour avoir conduit sans permis.
- Cette route est très *dangereuse* en hiver.
- Les enfants n'ont pas conscience du *danger*.

Glück

- Nous souhaitons beaucoup de *bonheur* aux jeunes mariés.
- On n'a pas eu de *chance*, il a plu le jour du pique-nique.
- Ce film a été un grand *succès* à l'étranger.
- Julie a un *avantage* sur les autres car elle parle anglais.
- Les passagers *ont échappé* à la mort en sautant du véhicule.

Unglück

- Il vit la fermeture de son usine comme un *échec* personnel.
- Il a été licencié pour une raison *grave*: il avait volé de l'argent.
- Les marins de ce bateau *ont disparu* en mer.

A Realitäten. Füllen Sie das Kreuzworträtsel aus.

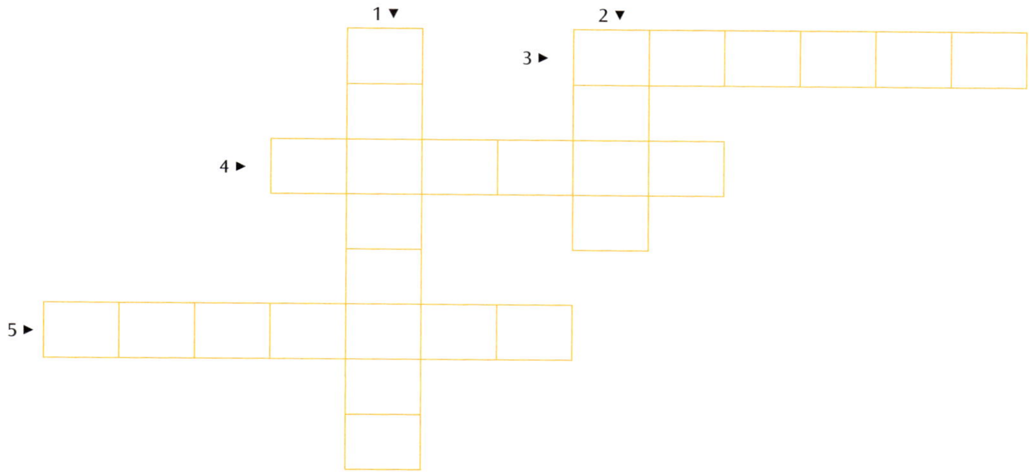

1 L'expérience professionnelle est un … important pour les candidats.
2 Cet homme a bien mérité son …, il est très méchant.
3 Son dernier livre n'a pas eu beaucoup de ….
4 Parfois, le … fait bien les choses.
5 Les dinosaures ont … il y a plusieurs millions d'années.

B Definitionen. Finden Sie die passenden Wörter.

1 le contraire de «succès»
2 prendre des risques
3 Si c'est nécessaire, c'est …
4 S'il y a un danger, c'est …

a risquer
b une nécessité
c dangereux
d échec

C Vorfälle. Ergänzen Sie die Lücken.

risque ▪ occasion ▪ échapper ▪ grave ▪ extraordinaire

1 Cette histoire de ce sauvetage en mer est ____________________.
2 Prendre ce médicament n'est pas sans ____________________.
3 Paul ne manque jamais une ____________________ de voir ce groupe en concert.
4 Jean a une ____________________ maladie qui l'empêche de marcher.
5 Le prisonnier a réussi à ____________________ à la surveillance des policiers.

D Und bei Ihnen? Beantworten Sie die Fragen.

1 Croyez-vous au hasard? Expliquez.
2 Qu'est-ce que le bonheur pour vous?
3 Aimez-vous prendre des risques? Donnez des exemples.

Zustand

- Ses progrès en mathématiques ont été *constants* toute l'année.
- Cette voiture est en mauvais *état*, elle a besoin d'une révision.
- Il *existe* plusieurs espèces de bambous.
- On ne connaît pas encore les *circonstances* de cet accident.

Veränderung

- Il y aura un *changement* de gouvernement aux prochaines élections.
- Nous *avons changé* de voiture, nous avons acheté une Twingo.
- On parle de plus en plus de *développement* durable.
- Les scientifiques étudient *l'évolution* humaine.
- Nous *avons modifié* le contrat de location.
- On *a transformé* notre garage en chambre.

Entwicklung

- Le temps devrait *s'améliorer* dans les prochains jours.
- Les Français veulent une *augmentation* du pouvoir d'achat.
- On s'attend à une *hausse* du prix de l'essence.
- Les *progrès* de la médecine ont permis d'allonger notre durée de vie.
- Nos réserves en eau *diminuent* rapidement.
- Le *processus* de paix est très long.

Umstellung

- Les enfants ne comprennent pas toutes les *conséquences* de leurs actes.
- Pensez à *remettre* la clé à sa place avant de partir.
- Il faut *remplacer* l'ampoule de cette lampe, elle est usée.
- Marc *a évité* mon regard toute la soirée.
- Il *a tourné* la tête quand il m'a vu.
- Cet athlète va *tenter* de battre un nouveau record.

A Zustände. Finden Sie im Gitter acht Wörter des Kapitels.

E	V	O	L	U	T	I	O	N
D	A	M	I	E	T	E	R	E
I	C	O	N	S	T	A	N	C
M	E	D	A	R	O	A	B	E
I	X	I	T	E	U	X	T	V
N	I	F	O	E	R	F	I	I
U	S	I	I	M	N	T	R	T
E	T	E	C	T	E	T	T	E
R	E	R	L	U	R	B	E	R
P	R	O	G	R	E	S	F	R

B Wortfelder. Welche Wörter passen nicht?

1 changer – transformer – remettre
2 diminuer – améliorer – progrès
3 éviter – tourner – constant

C Assoziationen. Finden Sie die passenden Wörter.

1 augmentation
2 mettre à la place de
3 changer de forme
4 résultat d'une action
5 action de changer

a remplacer
b transformer
c changement
d hausse
e conséquence

D Veränderungen. Ergänzen Sie die Lücken.

remplacer ▪ état ▪ processus ▪ circonstances ▪ développement

1 Après l'accident, il était en ________________ de choc.

2 Notre frigo ne marche plus, on doit le ________________.

3 Il est responsable du ________________ international de l'entreprise.

4 Le directeur nous explique le ________________ de fabrication du produit.

5 La police ne connaît pas les ________________ de l'accident.

E Und bei Ihnen? Beantworten Sie die Fragen.

1 Est-ce que votre situation a changé dernièrement? Racontez comment.
2 Et la situation de votre pays?
3 Qu'est-ce qui a été constant dans votre vie jusqu'à maintenant?

Subjektpronomen

Person	Pronomen	Beispiele
1. p. sg.	je	«*Je* suis, donc *je* pense» disait Descartes.
2. p. sg.	tu	*Tu* m'aimes?
3. p. sg.	il, elle, on	Et Paul, *il* ne vient pas? Non, mais Laura, *elle* vient. *On* la verra ce soir.
1. p. pl.	nous	*Nous* sortons tous ensemble ce soir.
2. p. pl.	vous	*Vous* êtes d'accord avez moi?
3. p. pl.	ils, elles	Mes parents, *ils* aiment beaucoup le cinéma. Mes sœurs, *elles* préfèrent regarder la télé.

Direkte und indirekte Objektpronomen

Person	Pronomen		Beispiele	
	direkt	indirekt		
1. p. sg.	me	me	Il *me* voit.	Il *me* parle.
2. p. sg.	te	te	Je *te* vois.	Je *te* parle.
3. p. sg.	le, la	lui	Tu *le* vois? Tu *la* vois?	Je *lui* parle.
1. p. pl.	nous	nous	Ils *nous* voient.	Ils *nous* parlent.
2. p. pl.	vous	vous	Ils *vous* voient.	Ils *vous* parlent.
3. p. pl.	les	leur	Nous *les* voyons.	Nous *leur* parlons.

Unverbundene Personalpronomen

Person	Pronomen	Beispiele
1. p. sg.	moi	C'est à *moi* de jouer.
2. p. sg.	toi	Ces livres sont à *toi*.
3. p. sg.	lui, elle, soi	Pour *lui*, j'achète un livre. Pour *elle*, un vase. Chacun reste chez *soi*.
1. p. pl.	nous	Il n'y a pas d'Espagnols parmi *nous*.
2. p. pl.	vous	Sans *vous*, je n'aurais pas réussi.
3. p. pl.	eux, elles	C'est à *eux* de venir. / Elles restent chez *elles*.

Possessivpronomen

Singular	Plural	Singular	Plural
le mien, la mienne	les miens, les miennes	le, la nôtre	les nôtres
le tien, la tienne	les tiens, les tiennes	le, la vôtre	les vôtres
le sien, la sienne	les siens, les siennes	le, la leur	les leurs

Possessivbegleiter

Person	Begleiter	Person	Begleiter
1. p. sg.	mon, ma, mes	1. p. pl.	notre, nos
2. p. sg.	ton, ta, tes	2. p. pl.	votre, vos
3. p. sg.	son, sa	3. p. pl.	leur, leurs

- Voici *mon* écharpe, mais où est la *tienne*?
- *Leur* voiture est bleue, la *nôtre* est verte.
- *Nos* enfants sont sages, les *leurs* sont terribles!

A Personal-, Possessivpronomen oder Possessivbegleiter? Ordnen Sie zu.

je ▪ leur ▪ elle ▪ tu ▪ leurs ▪ il ▪ on ▪ elles ▪ nos ▪ mon ▪ vous ▪ ils ▪ le nôtre ▪ nous ▪ la tienne

pronoms personnels	pronoms possessifs	adjectifs possessifs

B Wem gehört was? Ergänzen Sie die Lücken.

vôtre, nôtre ▪ tienne, mienne ▪ leurs, nôtres ▪ tien, sien

1 «Ce vélo, c'est le ____________________?» – «Ah non, c'est le ____________________.»

2 «Salut Charlotte, salut Hugo, le DVD c'est le ____________________?» – «Oui, c'est le ____________________.»

3 «Les stylos sont les ____________________?» – «Non, ce sont les ____________________.»

4 «Cette jupe, c'est la ____________________?» – «Oui, c'est la ____________________.»

C Verkehrte Welt. Korrigieren Sie die Sätze.

1 Et Julie, <u>il</u> ne vient pas à la fête de ton frère?
2 Romain et Sophie, <u>elles</u> sont allés au musée.
3 C'est mon stylo. – c'est le <u>tien</u>.
4 <u>Vous</u> avons fait un bon travail.
5 Mais écoute-moi! Je <u>leur</u> parle!

D Pronomen. Füllen Sie das Kreuzworträtsel aus.

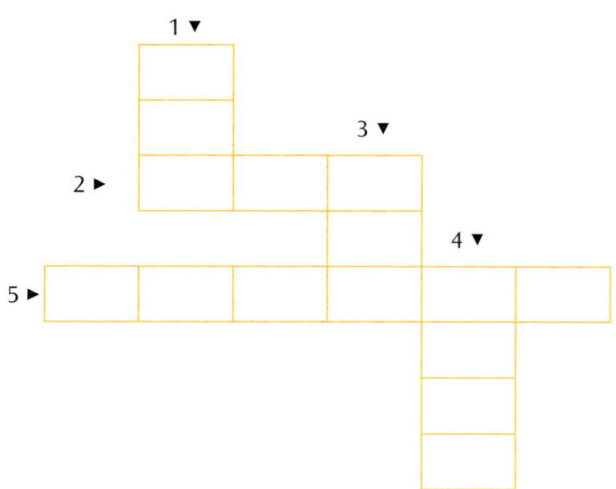

1 Hier je … ai demandé s'il avait envie d'aller au cinéma.
2 Mes frères, … vont rester à la maison ce soir.
3 Paul a oublié … sac dans le bus.
4 Ma copine et moi, … avons acheté une voiture neuve.
5 La radio est à moi. C'est la …

E Und bei Ihnen? Beantworten Sie die Fragen.

1 Avec qui aimez-vous voyager? Racontez. Ensuite, remplacez les personnes par des pronoms personnels.
2 Qu'est-ce que vous pouvez emprunter à vos amis? Faites des phrases avec des pronoms et des adjectifs possessifs.

Artikel

	bestimmter Artikel	Beispiele	unbestimmter Artikel	Beispiele
m. sg.	le, l'	Tu as vu *le* nouveau film de Spielberg?	un	J'ai *un* chien.
f. sg.	la, l'	Où est *la* poste, s'il vous plaît?	une	Tu as *une* belle maison.
m./f. pl.	les	Aujourd'hui, *les* magasins sont fermés.	des	Nous avons acheté *des* bonbons.

Indefinitpronomen

- *Quelqu'un* a frappé à la porte.
- Je n'ai vu *personne* entrer dans la maison.
- *Chacun* doit avoir le droit de s'exprimer.
- Je n'ai encore *rien* mangé de la journée. J'ai très faim.
- *Chaque* enfant avait fait un dessin pour l'anniversaire de la maîtresse.

Demonstrativpronomen

		Beispiele
m. sg.	celui, celui-ci / là	J'aime le pull qui est là et *celui* qui est ici. Mais *celui-ci* me plaît encore mieux.
f. sg.	celle	«Tu connais ma sœur?» – «*Celle* qui est blonde?»
sg.	ceci, cela, ça	Comment *ça* va? *Ceci* est pour vous.
pl.	ceux, celles (-ci / là)	«J'aime bien ces crayons.» – «Lesquels? *Ceux-là*?»

Reflexivpronomen

Person		Beispiele	Person		Beispiele
1. p. sg.	me, m'	Je *me* lève à 8h00.	1. p. pl.	nous	Nous *nous* amusons bien.
2. p. sg.	te, t'	Tu *t'*habilles.	2. p. pl.	vous	Vous *vous* disputez souvent?
3. p. sg.	se, s'	Il *se* promène dans le parc.	3. p. pl.	se, s'	Ils *se* lavent tous les matins.

Relativpronomen

- Voici l'homme *dont* je suis amoureuse.
- La France est le pays *où* il y a le plus de touristes.
- Elle a perdu le collier *que* je lui ai offert.
- Le train *qui* part va à Madrid.
- À *quoi* penses-tu?

en und *y*

- J'adore ce gâteau, j'*en* veux encore!
- «Tu as pensé à écrire à ta sœur?» – «Oui, j'*y* ai pensé!»

A Artikel. Ordnen Sie zu.

1	Je voudrais ________ kilo de pommes.	a	une
2	Moi, j'aime bien ________ roses rouges là-bas.	b	la
3	Est-ce qu'il te reste encore ________ bonbons?	c	les
4	Hier, mon ami m'a offert ________ jupe très jolie.	d	le
5	Tu as oublié ________ vin rouge?	e	des
6	________ photo est extraordinaire.	f	un

B Im Geschäft. Ergänzen Sie die Lücken.

ceux-là ▪ celle-ci ▪ celles-là ▪ ça ▪ celui-ci

Devant la vitrine

Christine: Regarde ces robes! Comment tu trouves ________?

Sophie: Pas mal, mais je préfère celle-là.

Dans la boutique

Christine: Bonjour madame, nous cherchons une robe.

Vendeuse: Très bien, je vous laisse regarder. Celles-ci sont nouvelles. ________ sont en promotion.

Christine: Et ces pantalons? Ils sont aussi en promotion?

Vendeuse: Oui, ________ aussi.

Christine: Ça, ________ me plaît. C'est de la soie?

Vendeuse: Oui madame, tous nos foulards sont en soie. ________ est même en soie naturelle.

C Die Unbekannte. Ergänzen Sie die Lücken.

personne ▪ rien ▪ chaque ▪ te ▪ quelqu'un ▪ qui ▪ dont ▪ la

Tu ________ souviens? Patrice est venu avec ________ à la fête hier soir. ________ ne sait qui c'est. Il ne veut ________ nous dire. Peut-être était-ce la fille ________ il parlait la semaine dernière? Je les ai vus au restaurant ensemble dimanche. C'était peut-être ________ sœur de son copain Marc. Mais peut-être était-ce sa cousine ________ habite en Allemagne? Elle est en vacances en France ________ été.

D Und bei Ihnen? Beantworten Sie die Fragen.

1 Décrivez une photo de votre famille. Qu'est-ce que vous aimez? Qu'est-ce que vous n'aimez pas?

2 Décrivez votre début de la journée. À quelle heure est-ce que vous vous réveillez etc.?
Utilisez les verbes suivants: se réveiller, se lever, se laver, s'habiller et se brosser les dents.

Ortspräpositionen

Präpositionen

- Je vous appelle *au sujet de* l'annonce dans le journal.
- Je pars en vacances *avec* une copine.
- Nous allons *chez* une amie à Marseille.
- Puis, nous irons *en* Corse pour quelques jours.
- *Malgré* la pluie, la journée est réussie.
- La légende dit que cet enfant a vécu *parmi* les loups.
- Nous nous arrêterons *quelque part* sur la route *pour* déjeuner.
- Je ne voyage jamais *sans* ces médicaments.
- Élodie aime tous les poissons *sauf* le thon.

Konjunktionen

- J'ai préparé un sandwich *et* une salade *au cas où* tu n'aurais pas mangé.
- Tu restes à la maison *ou* tu viens avec nous?
- Elle est triste *parce que* son chat a disparu.
- *Puisque* tu ne veux pas répondre, je ne te parle plus.
- Apelle-moi *quand* tu arrives chez toi.

Zeitpräpositionen

- Nous planterons cet arbre *après* l'été.
- On ne s'est pas vu *depuis* les dernières vacances.
- *Il y a* une heure qu'il est parti.
- Cet élève dort *pendant* les cours.
- Le docteur va vous recevoir *tout de suite*.

A Präpositionen. Ergänzen Sie die Lücken.

au cas où ▪ au sujet ▪ en face ▪ quelque part ▪ tout de suite

1 Le candidat doit s'asseoir __________________ du jury.

2 J'ai perdu mes clés __________________ sur ce chemin.

3 Ils se sont disputés __________________ du ménage.

4 Prends ton parapluie __________________ il pleuvrait.

5 Le film commence __________________, asseyez-vous.

B Definitionen. Finden Sie die passenden Wörter.

1 le contraire de «devant» __________________

2 le contraire de «sous» __________________

3 donne le choix __________________

4 indique la raison __________________

C Meine Bäckerei. Ergänzen Sie die Lücken.

avec ▪ ou ▪ après ▪ à côté ▪ il y a ▪ sauf ▪ quand ▪ parmi

Dans ma rue, __________________ une boulangerie. Elle est ouverte tous les jours __________________ le mercredi. On peut s'y asseoir et prendre un café __________________ un croissant __________________ un pain au chocolat. On peut aussi choisir un dessert __________________ les nombreuses sortes de gâteaux et tartelettes. __________________ le travail, je passe acheter mon pain. __________________ j'ai des invités, je commande une tarte ou un gâteau. En plus, j'ai de la chance, j'habite juste __________________ de cette boulangerie!

D Strukturwörter. Finden Sie im Gitter acht Wörter des Kapitels.

D	M	A	L	G	R	E
D	E	P	U	I	S	P
M	M	U	S	I	U	E
A	D	A	N	T	S	N
A	A	C	H	Z	A	D
G	N	C	H	Q	N	A
R	S	E	N	E	S	N
D	E	P	U	I	Z	T
Q	U	E	N	T	R	E

E Und bei Ihnen? Beantworten Sie die Fragen.

1 Quel est votre rythme de la journée? Racontez avec des prépositions de temps.

2 Décrivez votre salon. Où est le canapé, la table basse, le tapis, la télé, etc.?

Kommen und gehen

Je *suis allé* au cinéma hier avec Jacques. Il *est arrivé* en retard et j'ai *dû* l'*attendre* 20 minutes. Après le film, nous *sommes sortis* du cinéma et nous *sommes restés* à discuter dehors pendant quelques minutes. Puis Jacques a *voulu aller prendre* un verre, je l'*ai suivi* au café. Un autre ami *est venu* nous rejoindre, puis nous *sommes* tous *partis* danser en discothèque. Quelle bonne soirée!

Wollen und wissen

Je ne *comprends* pas ce que tu *veux dire*.
Je *pensais* que tu *voulais partir* en vacances en Corse.
On *peut* bien sûr *aller* en Bretagne, mais je *crois* qu'il *fera* moins chaud et on ne *pourra* pas se baigner.
Il *faut savoir* ce qu'on *veut*!

Sagen und fragen

- Henri *a demandé* à Marielle si elle *voulait* l'épouser. Elle *a dit* oui!
- Nous *avons regardé* nos photos de vacances.
- J'*ai entendu dire* que tu *allais* te marier.
- Est-ce que tu *peux répondre* au téléphone?
- Je n'*aime* pas *parler* de moi.

Haben und geben

- J'*aime* beaucoup mon prof de musique.
- J'*ai* 25 ans.
- Tu *peux* me *donner* ton adresse?
- Qu'*est*-ce que tu *fais* pendant les vacances?
- Nous *jouons* aux échecs tous les samedis.
- N'oublie pas de *mettre* ton bonnet pour *sortir*.
- *Prends* une aspirine, ça *ira* mieux.
- Cette brique *tient* la porte ouverte.
- On *a trouvé* un trésor dans le jardin!

A Äußerungen. Ergänzen Sie die Lücken.

prendre ▪ sais ▪ mettre ▪ aiment ▪ suivre ▪ allez ▪ peut ▪ partent

1 Un proverbe dit «Quand on veut, on ________________».

2 Peu d'enfants ________________ les épinards.

3 Tous les étés, ils ________________ au ski.

4 Pour trouver le chemin, il faut ________________ les flèches.

5 Est-ce que tu ________________ parler français?

6 J'aimerais ________________ des cours de danse.

7 N'oublie pas de ________________ le lait au réfrigérateur.

8 Vous ________________ à la fête de Nathalie ce soir?

B Assoziationen. Finden Sie die passenden Verben.

1 donner une réponse ________________

2 posséder, être le propriétaire ________________

3 poser une question ________________

4 faire un jeu ________________

5 faire un don ________________

6 avoir la volonté ________________

C Einblicke. Füllen Sie das Kreuzworträtsel aus.

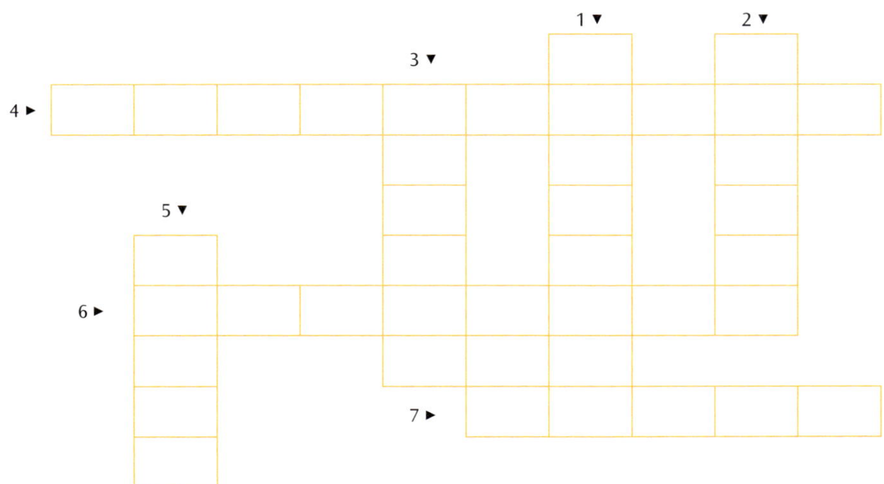

1 Tes oreilles te servent à …

2 Si on cherche bien, on …

3 Si tu ne pars pas, c'est que tu …

4 Il faut écouter le prof pour bien …

5 Il ne faut pas seulement le dire, il faut le …

6 Si je suis en retard, tu dois …

7 Le plus difficile n'est pas de donner sa parole mais de la …

D Und bei Ihnen? Beantworten Sie die Frage.

1 Qu'est-ce que vous faites pendant vos prochaines vacances? Racontez.

2 Qu'est-ce que vous aimez faire? Racontez.

1.01 ▪ 1.02 ▪ 1.07

A m'appelle – allemande – née – habite – demeure – mariée – métier
B 1 âgé – 2 Madame et Monsieur Castel – 3 le nom – 4 une dame
C 1 européenne – 2 allemand – 3 chinois – 4 française
D 1 catholique – 2 religion – 3 dieu – 4 église – 5 chrétienne

1.03

A 1e – 2d – 3a – 4b – 5c
B 1 naissance – 2 grands-parents – 3 s'occuper de – 4 couche
C *waagerecht*: mère, tante – *senkrecht*: père, sœur, fils, fille – *diagonal*: parents, enfant, oncle
D petits-enfants – petite-fille – petits-fils – éducation – papy / mamie – mamie / papy – familiale

1.04 ▪ 1.05

A 1 grand – 2 jeune – 3 impatient – 4 actif
B *waagerecht:* aimable, désagréable, curieux – *senkrecht:* sérieux, sensible – diagonal: nerveux – *qualité*: aimable, sérieux, sensible – *défaut*: désagréable, curieux, nerveux
C 1 gros – 2 garçon – 3 vieux – 4 courage
D 1 jeunes – 2 vieux – 3 as l'air – 4 moche – 5 adultes

1.06

A 1 chanter – 2 la chasse – 3 le jeu – 4 collectionner – 5 la passion
B 1 envie – 2 intérêt – 3 peindre – 4 profiter
C 1 as envie – 2 consacre – 3 intéressant – 4 m'intéresse
D *waagerecht*: intéresser, profiter – *senkrecht*: chasse, loisir, chanter, jeu – *diagonal*: joueur

2.01 ▪ 2.03

A *waagerecht*: marche, douche, table, cuisine, fauteuil – *senkrecht*: meuble, escalier, lit – *diagonal*: toit, lampe
B 1 construire – 2 meubler
C maison – rez-de-chaussée – entrée – salon – chambres – balcon – salle de bains – jardin
D 1d – 2c – 3a – 4f – 5b – 6e

2.02 ▪ 2.04

A 1 prise – 2 propre – 3 papier – 4 objet – 5 déchets
B 1 papier – 2 corde – 3 gaz – 4 la ficelle
C 1 déchets – 2 énergie – 3 bouillir
D 1 ordre – 2 pratique – 3 ficelle – 4 allumettes – 5 or

3.01 ▪ 3.02

A village – ferme – nature – champs – environnement
B *ville*: marché, quartier, trottoir, passants – *campagne*: forêt, champ, ferme, nature, lac
C 1 vague – 2 quartier – 3 côte – 4 source
D 1c – 2a – 3d – 4b

3.03 ▪ 3.04

A 1b – 2c – 3d – 4a
B *waagerecht*: poisson, poule – *senkrecht*: oiseau, tigre, souris, chien
C 1 ciel – 2 neige – 3 soleil – 4 pluies – 5 vent
D 1 pleuvoir – 2 vent – 3 froid – 4 températures (élevées) – 5 branches

4.01 ▪ 4.02

A 1 vacances – 2 hôtel – 3 voyage – 4 billets – 5 appareil-photo, carte
B *waagerecht*: rue, lieu – *senkrecht*: direction, voyageur, retour, visite
C 1c – 2b – 3a – 4d
D 1 chemin – 2 est – 3 sud – 4 Bon voyage – 5 nord – 6 séjour – 7 ouest

4.03 ▪ 4.04

A 1 distance – 2 train – 3 ponts – 4 dépasser – 5 réparer
B 1d – 2a – 3b – 4c – 5f – 6e
C 1 bateau – 2 port – 3 moteur – 4 monter
D 1 conduire – 2 réseau – 3 réparer – 4 bateau – 5 rapide – 6 autocar

5.01 ▪ 5.02

A *waagerecht*: baguette, soupe – *senkrecht*: glace, casserole, serveuse – *diagonal*: boire
B *vaisselle*: fourchette, casserole, cuiller, verre – *produits alimentaires*: tartine, glace, gâteaux, légumes, tarte, fromage
C 1e – 2c – 3f – 4b – 5d – 6a
D fromage – préparer – tranches – beurre – cuire – bon

6.01

A 1 ouvert – 2 commander – 3 affaire – 4 commercial
B 1 la vente – 2 le commerce – 3 acheter
C 1c – 2d – 3b – 4a
D 1 neuf – 2 vendre, nouvelle – 3 commande – 4 livre

6.02

A 1 franc – 2 banque – 3 valoir – 4 argent – 5 économiser
B 1 les dépenses – 2 riche – 3 payer – 4 gratuit
C 1 revenu – 2 liquide – 3 augmenter – 4 pièce
D coûte – euros – cher – budget – crédit – facture – frais – gratuits

6.03

A 1 chic – 2 la bourse – 3 la mode – 4 précieux
B 1 essayer – 2 parapluie – 3 poches
C *waagerecht*: veste, parapluie, tissu, style, vêtement, panier, mode – *senkrecht*: perle, chic, jupe – *diagonal*: chaussette
D 1 essayer – 2 montre – 3 tissu – 4 robe

7.01

A *waagerecht*: envoyer, vérifier – *senkrecht*: signer, adresser – *diagonal*: examiner
B 1d – 2c – 3a – 4b
C 1 examiner – 2 expéditeur – 3 copie
D 1 vérifient, signer – 2 ci – 3 section – 4 office – 5 documents

7.02

A *waagerecht*: organisme, aide, mission, service – *diagonal*: public
B 1 aide – 2 la poste – 3 association
C 1 facteur – 2 poste – 3 assurance – 4 service – aide
D 1 aide – 2 accordé – 3 un organisme public – 4 affranchir

7.03 ▪ 7.04

A 1 cherche – 2 force – 3 police – 4 avouer – 5 exécuter
B 1c – 2b – 3a
C 1 voleur – 2 victime – 3 attaquaient – 4 contrôle – 5 policiers – 6 effectuer
D 1 la prison – 2 l'enquête – 3 poursuivre – 4 le voleur

8.01

A 1 voix – 2 savon – 3 dents – 4 bouche – 5 oreille – 6 œil
B *intérieur*: cœur, estomac, sang, langue – *extérieur*: main, tête, lèvre, peau
C 1 pieds – 2 jambes – 3 genoux – 4 tête
D 1 le bras – 2 le front – 3 le pouce – 4 les membres – 5 le peigne

8.02

A me sens – tousse – ai mal – rhume – souffrirez
B 1 souffrez – 2 se sent – 3 patients – 4 vivant
C 1 maladie – 2 vivre – 3 mourir – 4 faiblesse – 5 douleurs
D 1 douleur – 2 fou – 3 vie – 4 douleur

8.03

A *waagerecht*: subir, influence, physique – *senkrecht*: besoin, respirer
B 1 s'endormir – 2 se lève – 3 équilibre – 4 influence
C 1d – 2c – 3b – 4a
D 1 dort – 2 croissance – 3 besoin – 4 souffler

8.04

A 1c – 2d – 3b – 4a
B 1 infirmiers – 2 sauver – 3 docteur – 4 opération
C 1 le dentiste – 2 l'hôpital – 3 l'infirmière
D *waagerecht*: dentiste, médecin, examiner – *senkrecht*: traitement, soin, examen, opération, sauver – *diagonal*: docteur

9.01 ▪ 9.05

A 1 goûts – 2 lourd – 3 léger – 4 fin – 5 dur – 6 toucher – 7 solide
B rêve – rêvé – bruit – écouté – attention – aperçu – crié – son
C 1 fort – 2 cri – 3 bruit – 4 solide
D 1 le rêve – 2 l'observation – 3 le cri

9.02 ▪ 9.03

A 1 triste – 2 heureux – 3 inquiétude – 4 pleurer – 5 souvenir
B *peine*: triste, malheureux, pleurer, le souci – *joie*: le plaisir, sourire, le rire
C 1 réfléchir – 2 espoir – 3 sentiments – 4 a oublié
D *waagerecht*: volonté, surprise, peine – *senkrecht*: sourire, peur – *diagonal*: ennui

9.04

A 1d – 2a – 3b – 4c
B glissé – tombé – fait mal – relever – poser – marcher
C *waagerecht*: asseoir, serrer, enlever, tirer – *senkrecht*: faire mal, poser, marcher – *diagonal*: attraper
D 1 s'asseoir – 2 couvrez – 3 Tourne – 4 saisi – 5 pénétrer

10.01

B collège – emploi du temps – matière – élève – appliquée – capable – camarades
C 1 le stylo – 2 le tableau – 3 collège – 4 le maître – 5 le surveillant – 6 matières
D 1 stylo – 2 mes devoirs – 3 collège – 4 la classe – 5 groupes

10.02

A *waagerecht*: lever, cours – *senkrecht*: définition, définir, historique, recopier
B 1 présence – 2 absence – 3 exercice – 4 exemples
C 1 les mathématiques – 2 l'enseignement – 3 la division – multiplier

10.03

A 1 la théorie – 2 la notion – 3 l'analyse – 4 le professeur – 5 l'étudiant
B 1 universités – 2 études – 3 méthodes – 4 concours – 5 institut
C *waagerecht*: faculté, université, notion, étudiant – *senkrecht*: concours – analyse – *diagonal*: professeur
D 1 le concours – 2 philosophie – 3 étudiants – 4 de notions

10.04

A 1 résultat – 2 facile – 3 faux – 4 excellent – 5 interroge
B 1 interroger – 2 essai – 3 inconnu
C *épreuve*: contrôle, réussir, noter – *niveau*: moyen, simple
D 1 difficiles – 2 difficultés – 3 résoudre – 4 simple

11.01

A 1 boulanger – 2 cuisinier – 3 boucher – 4 astronaute
B 1 directeur – 2 savant – 3 agriculteur – 4 astronaute
C 1 agriculteur – 2 secrétaire – 3 pilote – 4 cuisinier – 5 boulanger
D 1 directeur – 2 astronaute – 3 président – 4 commandant – 5 spécialiste

11.02

A *waagerecht*: projet, scientifique, tâche, spécialiser, exigence – *senkrecht*: accomplir, contribuer, chef, réunion
B 1d – 2c – 3a – 4b
C 1 conférence – 2 travaille – 3 exercent – 4 carrière – 5 efficace
D 1 instructions – 2 chef – 3 le rapport – 4 la recherche

11.03

A 1 bureau – 2 obligation – 3 emploi – 4 travail – 5 perspectives – 6 condition
B 1 bureau – 2 emploi – 3 entreprise – 4 professionnelles
C 1c – 2a – 3b
D 1 condition – 2 domaine – 3 laboratoire

12.01

A 1 langue – 2 formule – 3 phrases – 4 répètent – 5 précis
B 1c – 2e – 3a – 4b – 5d
C 1 conclure – 2 préciser – 3 traduire
D 1 traduire – 2 sa langue maternelle – 3 écrit – 4 conclu

12.02

A *waagerecht*: signaler, expliquer, parole, souhaiter, signifier, ajouter – *senkrecht*: demande, expression – *diagonal*: signe
B message – proposait – accord – réponse – souhaitais – confirmer
C 1d – 2f – 3e – 4c – 5a – 6b

12.03

A 1 excuses – 2 raconte – 3 propos – 4 déclaration – 5 exiger
B 1a – 2c – 3d – 4e – 5b
C 1d – 2b – 3c – 4a
D 1 suggère – 2 évoque – 3 appel – 4 prétend – 5 débat – 6 insister

12.04

A *waagrecht*: alors, naturellement, ainsi, discuter, tellement, ton – *senkrecht*: détail, bien, pourtant – *diagonal*: surtout
B 1c – 2d – 3e – 4b – 5a
C 1 bien sûr – 2 détails – 3 exactement – 4 franchement – 5 en effet – 6 notamment – 7 parfaitement

12.05

A 1c – 2a – 3b – 4d
B *waagerecht*: étonnter, avis, idée, refuser, opinion, douter, certitude – *senkrecht*: décider, raison – *diagonal*: hésiter
C 1 choisir – 2 vérité – 3 supposé – 4 étonne
D 1 doute – 2 intention – 3 idée – 4 raison

12.06

A 1 probablement – 2 vraiment – 3 impossible – 4 presque
B 1 évident / sûr – 2 entièrement – 3 peut-être / possible – 4 relativement
C *waagerecht*: absolument, tendance, forcément – *senkrecht*: certain, possible, sûre, évident, très – *diagonal*: presque
D 1 environ – 2 absolument – 3 impossible – 4 possibilité – 5 évidente

13.01

A 1 Pâques – 2 culturel – 3 public – 4 foule – 5 Noël
B 1c – 2d – 3a – 4b
C 1 complet – 2 organiser – 3 de félicitations – 4 participer
D 1c – 2a – 3b

13.02 ▪ 13.03

A 1 musique – 2 exposer – 3 scène
B 1 théâtre – 2 cinéma – 3 peintre – 4 photographie
C 1b – 2d – 3a – 4c
D 1 exposition – 2 château – 3 peinture – 4 colonnes – 5 théâtre – 6 peindre – 7 art

13.04

A *waagerecht*: installer, téléphoner, émission, donnée – *senkrecht*: taper, action, menu, réseau – *diagonal*: écran
B 1 la télévision – 2 une seule caméra – 3 techniques – 4 installer
C 1 taper – 2 action – 3 émission

D 1 écran – 2 installation – 3 satellites – 4 matériel informatique – 5 électriques

13.05

A 1 héros – 2 journal – 3 revue – 4 titre – 5 roman – 6 pages – 7 lecteur – 8 ouvrage
B 1c – 2d – 3a – 4b
C *journal* : presse, quotidien, article – *livre*: œuvre, écrivain, littérature
D 1 pages – 2 lecture – 3 reportage – 4 texte – 5 image

13.06 ▪ 13.07

A 1 battre – 2 buts – 3 gagné – 4 entraîne – 5 sauter
B 1c – 2d – 3a – 4b
C *waagerecht*: courir, sport, but, skier, entraîner, avance, sauter – *senkrecht*: effort – *diagonal*: viser
D 1 court – 2 départ – 3 mouvements – 4 match – 5 course – 6 visé

14.01 ▪ 14.02

A 1 couple – 2 encourager – 3 fidèle – 4 uni – 5 séparé – 6 épouse – 7 confiance
B 1 marier – 2 mari – 3 ne plaît pas à – 4 relation
C 1 se séparer – 2 l'amour – 3 respecter – 4 épouser
D ensemble – épouser – mariage – amis

14.03

A *waagerecht*: accueillir, retourner, prévoir – *senkrecht*: rejoindre, revoir, inviter, rentrer – *diagonal*: contact, rencontrer
B 1 honneur – 2 entrer – 3 revoir
C 1d – 2c – 3a – 4b
D 1 accueillir – 2 honneur – 3 prévoir – 4 revenez – 5 osé – 6 rejoindre

14.04

A 1 prêt – 2 manquer – 3 échange – 4 procuré – 5 propre
B 1 privé – 2 posséder – 3 procurer – 4 prêter
C 1 confient – 2 ramener – 3 dispose – 4 pris – 5 acquérir

15.01

A 1 nouvelle – 2 indépendant – 3 fait – 4 problème – 5 provenir – 6 renseignement
B 1 actuel – 2 réalité – 3 indépendance – 4 événement
C 1 la création – 2 la découverte – 3 la cause
D 1 La nouvelle – 2 est intervenue – 3 découvert – 4 cause – 5 nous rassemblons

15.02

A *waagerecht*: club, culture, populaire – *senkrecht*: union, milieu, responsable – *diagonal*: société, membre
B 1 institution – 2 organisation – 3 union – 4 population
C 1 milieu – 2 organisation – 3 civilisation – 4 responsable
D 1d – 2a – 3c – 4b

15.03

A 1 sécurité – 2 parti – 3 habitants – 4 candidat
B 1 habitants – 2 capitale – 3 Nation – 4 Liberté
C 1c – 2a – 3d – 4b
D *waagerecht*: gouverner, empire, capitale, sécurité, liberté, reine – *senkrecht*: officiel, élection

15.04

A 1 députés – 2 Commission – 3 peuple – 4 pouvoir
B 1 frontière – 2 fédérale – 3 colonie – 4 résistance – 5 république
C *waagerecht*: pays, fédéral, monde, civil, commission – *senkrecht*: peuple, colonie, député – *diagonal*: résistance
D 1d – 2a – 3b – 4c

15.05

A 1 ordre – 2 défense – 3 défendre – 4 paix – 5 conflit – 6 militaire – 7 ennemie – 8 arme – 9 officier

B 1 camp – 2 paix – 3 puissant
C 1 défense – 2 troupes – 3 autorité – 4 camp
D 1 un ennemi – 2 une guerre – 3 une arme

15.06

A 1 système – 2 capital – 3 industriel – 4 investir – 5 produire – 6 statistiques
B 1 exportation – 2 industrie – 3 investissement
C 1 consommation – 2 fabriquer – 3 production – 4 exportations – 5 économiques – 6 bénéficié
D 1 le capital – 2 l'expansion – 3 la consommation

15.07

A *waagerecht*: accuser, tribunal, témoin, règle – *senkrecht*: peine, cas, loi – *diagonal*: droit
B 1 obligé – 2 cas – 3 loi – 4 peine
C 1 tribunal – 2 avocat – 3 témoin – 4 règles – 5 preuves
D 1 le jugement – 2 la preuve – 3 la justice

16.01 ▪ 16.02

A 1 à l'automne – 2 nuit – 3 du retard – 4 semaine – 5 Soudain
B *waagerecht*: jour, date – *senkrecht*: mois, tôt, hiver, nuit, été, automne, fin – *diagonal*: printemps, tard
C 1 année – 2 automne – 3 soir – 4 été – 5 date – 6 moment
D 1d – 2a – 3b – 4c

16.03

A *waagerecht*: enfin, parfois, ensuite – *senkrecht*: bref, jamais – *diagonal*: présent, souvent
B 1 Bientôt – 2 future – 3 récemment – 4 lentement
C 1 permanente – 2 d'abord – 3 longtemps – 4 ancien – 5 aussitôt
D 1b – 2a – 3e – 4c – 5d

16.04

A 1 taux – 2 partie – 3 reste – 4 numéros – 5 majorité
B 1 chiffres – 2 La taille – 3 mesure
C 1 somme – 2 quantités – 3 moyenne – 4 poids
D 1 la dimension – 2 le volume – 3 une unité – 4 la majorité

16.05

A *waagerecht*: demi, peu, moins, assez – *senkrecht*: suffisant, plus, beaucoup, encore, vide – *diagonal*: plusieurs
B 1 demi – 2 unique – 3 trop – 4 vide
C 1 peu – 2 uniquement – 3 encore – 4 seul – 5 contient
D 1d – 2a – 3b – 4c

16.06

A 1 la moitié – 2 zéro – 3 une douzaine – 4 la plupart
B 1 quatre mille cinq cents – 2 63 millions – 3 6,6 milliards – 4 vingt millions – 5 deux cent vingt ans
C 1 mètres – 2 kilomètres – 3 cinq – 4 kilogrammes – 5 zéro
D 1 vingt – 2 sept – 3 *ist richtig* – 4 trente – 5 huit – 6 neuf

16.07

A 1b – 2a – 3d – 4c
B *waagerecht*: pire, façon – *senkrecht*: extrême, spécial, général, mieux, prêt, universel – *diagonal*: essentiel
C 1 moyen – 2 exception – 3 caractéristiques – 4 défauts – 5 générale
D 1 indispensable – 2 mauvais – 3 prêt – 4 la limite

16.08

A *waagerecht*: endroit, proche, bas, autour, côté, profond – *senkrecht*: loin, ici, zone – *diagonal*: espace, vaste
B 1 extérieur – 2 bord – 3 autour – 4 loin
C 1 proche – 2 ailleurs – 3 partout – 4 l'espace / l'univers – 5 dehors
D 1 côté – 2 endroit – 3 espace – 4 ici – 5 zone – 6 territoire

16.09

A *waagerecht*: bleu, brillant, rouge, vert, noir, couleurs, former – *senkrecht*: gris, blanc – *diagonal*: jaune
B 1 rouges – 2 vert – 3 blanc – 4 couleurs – 5 forme
C 1c – 2a – 3b – 4d
D 1 jaunes – 2 bout – 3 lignes – 4 brillante – 5 trait

16.10

A *waagerecht*: aussi, contraire, autant, égal, semblable, divers – *senkrecht*: tel, même – *diagonal*: autre
B 1 semblables – 2 opposait – 3 telle – 4 autant
C 1b – 2c – 3a – 4d
D 1 aussi – 2 différence – 3 autre – 4 contraire – 5 différente

16.11

A 1 davantage – 2 rare – 3 série – 4 double
B 1b – 2a – 3d – 4c
C *waagerecht*: série, premier, rang, suivant – *senkrecht*: dernier, rare, double – *diagonal*: puis
D 1 seulement – 2 deuxième – 3 troisième – 4 suivante – 5 puis

16.12

A 1 avantage – 2 sort – 3 succès – 4 hasard – 5 disparu
B 1d – 2a – 3b – 4c
C 1 extraordinaire – 2 risque – 3 occasion – 4 grave – 5 échapper

16.13

A *waagerecht*: évolution, progrès – *senkrecht*: diminuer, exister, modifier, tourner, éviter – *diagonal*: tenter
B 1 remettre – 2 diminuer – 3 constant
C 1d – 2a – 3b – 4e – 5c
D 1 état – 2 remplacer – 3 développement – 4 processus – 5 circonstances

17.01 I

A *pronoms personnels*: je, elle, tu, il, on, elles, vous, ils, nous – *pronoms possessifs*: le nôtre, la tienne – *adjectifs possessifs*: leur, leurs, nos, mon
B 1 tien, sien – 2 vôtre, nôtre – 3 leurs, nôtres – 4 tienne, mienne
C 1 elle – 2 ils – 3 mien – 4 Nous – 5 te
D 1 lui – 2 ils – 3 son – 4 nous – 5 mienne

17.01 II

A 1f – 2c – 3e – 4a – 5d – 6b
B celle-ci – Celles-là – ceux-là – ça – Celui-ci
C te – quelqu'un – Personne – rien – dont – la – qui – chaque

17.02

A 1 en face – 2 quelque part – 3 au sujet – 4 au cas où – 5 tout de suite
B 1 derrière – 2 sur – 3 ou – 4 parce que
C il y a – sauf – avec – ou – parmi – Après – Quand – à côté
D *waagerecht*: malgré, depuis, en, entre – *senkrecht*: dans, sans, pendant – *diagonal*: chez

18.01

A 1 peut – 2 aiment – 3 partent – 4 suivre – 5 sais – 6 prendre – 7 mettre – 8 allez
B 1 répondre – 2 avoir – 3 demander – 4 jouer – 5 donner – 6 vouloir
C 1 entendre – 2 trouve – 3 restes – 4 comprendre – 5 faire – 6 attendre – 7 tenir